名箴
中华官箴文化工程
Cultural Project of Chinese Official Mottos

中国古代为官箴言

The Official Mottos in Ancient China

中国地方志指导小组办公室 编

方志出版社
Publishing House of Local Records

图书在版编目（CIP）数据

中国古代为官箴言 / 中国地方志指导小组办公室编
. -- 北京：方志出版社，2015.8
ISBN 978-7-5144-1646-6

Ⅰ. ①中… Ⅱ. ①中… Ⅲ. ①政治—谋略—箴言—汇编—中国—古代 Ⅳ. ① D691

中国版本图书馆 CIP 数据核字（2015）第 156467 号

中国古代为官箴言

编　　者：中国地方志指导小组办公室
责任编辑：丛　珺

出 版 人：冀祥德
出 版 者：方志出版社
地址　北京市朝阳区潘家园东里 9 号（国家方志馆 4 层）
邮编　100021
网址　http://www.fzph.org
发　　行：方志出版社发行中心
电话　（010）67110500
经　　销：各地新华书店
排　　版：北京纺印图文设计制作有限公司
印　　刷：北京中科印刷有限公司

开　　本：710 × 1000　　1/16
印　　张：18.5
字　　数：255 千字
版　　次：2015 年 8 月第 1 版　2015 年 8 月第 1 次印刷

ISBN 978-7-5144-1646-6　　定价：68.00 元

《中国古代为官箴言》
编纂委员会

主　任：李培林

副主任：赵　芮　冀祥德　刘玉宏　邱新立

委　员（按姓氏笔画顺序排列）：

于伟平　毛佩琦　刘　晓　刘永强

吴少京　张大伟　张希清　李红喜

杨军仕　胡少诚

序

官箴，作为中国传统政治文化中一种特有的文化遗产，应该引起我们特别的重视。所谓官箴，就是规戒、劝勉官员的箴言。“箴”，古同“针”，“又古者以石为箴，所以刺病”，后世引申为规戒。“官箴”二字连用，最早见于《左传·襄公四年》：“昔周辛甲之为大史也，命百官，官箴王阙”，此处的官箴虽与后世所称之“官箴”还不能等同，但其中的规戒意味显而易见。原文后边还载有《虞箴》的内容，可见其主要内容是规戒君主。秦汉以后，箴便作为文体之一不断发展，箴言的内容也从箴谏君主，转延伸至百官众臣，如唐太宗《帝范》、武则天《臣轨》等。宋代以后，官箴创制越来越多，也愈发成熟。如宋代陈襄《州县提纲》、李元弼《作邑自箴》、吕本中《官箴》、许月卿《百官箴》，元代张养浩《牧民忠告》《风宪忠告》《庙堂忠告》，明代薛瑄《从政录》、汪天锡《官箴集要》、杨昱《牧鉴》，清代陆陇其《莅政摘要》、陈宏谋《从政遗规》、汪辉祖《学治臆说》《学治续说》《学治说赘》等，不胜枚举。官箴书内容丰富，只要可以劝勉官员，规范其操守和具体行政，皆可收录。总体来说，各类官箴多偏重官员道德规范、行为规范的宣讲，以及政务操作实践和一些理政弊端的防范。

官箴文化是中国传统政治文化中的一部分，深受儒家思想的影响。孔子提倡“仁”，孟子提出“仁政”：“乐民之乐者，民亦乐其乐；忧民之忧者，民亦忧其忧。乐以天下，忧以天下，然而不王者，未之有也。”（《孟子·梁惠王下》）他认为“民为贵，社稷次之，君为轻”（《孟子·尽心下》），要以仁爱之心爱民。所以历代官员也以克己修身为追求目标，官箴就是他们自励自警的规范，清廉爱民、俭朴公正、勤勉谨慎，一直是各类官箴的主题。

2014年3月9日，习近平总书记在参加十二届人大二次会议安徽代表团的审议时指出，各级领导干部都要既严以修身、严以用权、严以律己，又谋事要实、创业要实、做人要实。2015年4月，中共中央办公厅印发《关于在县处级以上领导干部中开展“三严三实”专题教育方案》，对2015年在县处级以上领导干部中开展“三严三实”专题教育作出安排。

“三严三实”可视作当代的官箴，从严以修身、严以用权、严以律己、谋事要实、创业要实、做人要实六方面，对党员领导干部的日常行为提出了箴戒。而古代官箴在这几方面也多有涉及，对各级党员领导干部日常行政不无裨益。吕本中在其《官箴》中提出“当官之法，唯有三事，曰清、曰慎、曰勤”，《四库全书总目提要》称“其言千古不可易”。即使现在看来，清正、谨慎、勤勉仍是应当遵守的基本为政准则。严以修身，是为官之本，从政之基，先正身才能再正人，今人不可不察。一代名臣包拯有诗云：“清心为治本，直道是身谋。”（包拯《书郡斋壁》）田文镜《钦颁州县事宜》中也说，“操守者，出仕之根柢”。严以用权，用权为民，不以私害公，即“公事在官，是非有理，轻重有法，不可以己私而拂公理，亦不可骫公法以徇人情”（真德秀《西山政训》）。“公生明，偏生暗”（荀况《荀子·不苟》），公，是用好权的关键。严以律己，勤于自省，才能做到遵守党纪国法，做到为政清廉，正所谓“万分廉洁，止是小善，一点贪污，便为大恶。不廉之吏，如蒙不洁，虽有它美，莫能自赎”（真德秀《西山政训》）。谋事要实，“为政者，非谓得行即行，以可行则行耳”（吕坤《呻吟语·外篇·治道》）。脱离实际，好高骛远，不尊重客观规律，不是我们共产党干部的工作作风，“必当详审听察，待其的确，然后施行”（汪天锡《官箴集要·听察详审》）。创业要实，全心全意为人民服务，永远是我们党的根本宗旨，要敢于担当，直面矛盾，实实在在地为人民群众创出一番事业来，“人官一方，则受一方之寄，必为民出力，自强不已”（袁守定《图民录·勤》）。做人要实，待人以诚，襟怀坦荡，公道正派，人“莫不爱于诚信”（武则天《臣轨·诚信章》）。以上这些箴言都能在这本小书中看到。

为配合“三严三实”专题教育，我们编写了这本《中国古代为官箴言》。是书以“严以修身”“严以用权”“严以律己”“谋事要实”“创业要实”“做人要实”为序，分为六篇，共甄选了历代官箴120则，并对官箴原文进行了注释和译写，以方便大家参阅体味。古代官箴是以传统伦理道德为基础对官员的箴戒劝勉，其中不免带有封建、不合时宜的内容，基于弘扬传统文化、扬善弃弊的目的，书中所选都是积极向上、可供借鉴的箴言，希望读者能从中有所收获，有所教益。“吏不畏吾严而畏吾廉，民不服吾能而服吾公”（曹端《官箴》），与诸君共勉。

是为序。

王伟光

中国社会科学院院长

中国地方志指导小组组长

二〇一五年八月二十日

编辑说明

一、本书以马克思列宁主义、毛泽东思想和中国特色社会主义理论体系为指导，认真贯彻落实习近平总书记系列重要讲话精神，为领导干部修身、用权、律己、谋事、创业、做人提供历史智慧和现实思考。

二、本书为配合中共中央关于在县处级以上领导干部中开展“三严三实”专题教育而编，设严以修身、严以用权、严以律己、谋事要实、创业要实、做人要实六篇，共收录古代官箴120则。

三、每篇分官箴、故事两部分。

官箴每篇20则，摘录古代有现实教育意义的“为官之箴言”“从政之警戒”。

故事配合每篇所选官箴主旨，精选著名历史故事，每篇3例。全书共18例。

四、每则官箴包括原文、出处、注释、译文、作者简介等内容。

关于原文。每则官箴均依据权威典籍版本进行摘录，有今人校注本的依据今人校注本。

关于出处。出处一般包括作者朝代名、作者名、所据书名及卷篇名。出处不著明版本，有关版本情况在参考文献中统一说明。

关于注释。不常见的人名、官名，以及引文、典故等等，均出注说明。

关于译文。译文采取直译为主、意译为辅的方式。译文之下，视需要设按语，对该则官箴作必要的补充说明。

关于作者简介。作者简介简要说明人物生平基本情况。主要参考书为《中国历史大辞典》。某作者，如生平不详，作“×××，生平不详”；如前面官箴已介绍，采用参见形式，如“吕本中，见第7则”；如不详，作“作者不详”。作者籍贯，古今地名不同者，于古地名后括注今地名；古今地名相同者，不再括注。

五、每例故事包括正文、出处、人物简介三部分。正文为白话文。出处说明主要依据何书。人物简介简述故事主要人物的基本情况。

六、全书每篇之前置有无题导语，对该篇内容作简要导读。

七、参考文献包括基本典籍、今人编著两部分，列明本书所引书目及有关参考书目。基本典籍大体以原典时间先后为序，今人编著以出版时间先后为序。

目　录

严以修身

严以用权

严以律己

谋事要实

创业要实

做人要实

严以修身

为官须注重自身品德修养，以先忧后乐的胸怀，戒奢去骄，清慎勤谨，真正做到爱民、亲民、为民。浮名浮利，虚苦劳神，只有不计名利，真正把自己融入到百姓之中，才能真正做到以民为本，做到“清、慎、勤”。本篇所选官箴，或提倡“不矜不伐”“清心直道”，或提倡“心无蔽”“融物我于一掬”，或提倡“不可爱名”“造福于世之人”，对官员修身正身，提升道德操守有很强的借鉴意义。

第1则

不矜不伐

【原文】

汝惟不矜[①]，天下莫与汝争能；汝惟不伐[②]，天下莫与汝争功。

——〔先秦〕《尚书·大禹谟》

【注释】

①矜：自夸，自以为贤能。

②伐：自我夸耀功劳。

【译文】

你只要不自夸为贤能，天下没有人与你争能；你只要不夸耀自己的功劳，天下没有人与你争功。

【作者简介】

作者不详。《大禹谟》系东晋元帝时期豫章内史梅赜所献《古文尚书》中的一篇。

第2则

修之于内　著之于外

【原文】

夫建大功于天下者，必先修于闺门[①]之内；垂大名于万世者，必先行之纤微[②]之事。是以伊尹负鼎[③]，居于有莘[④]之野，修道德于草庐之下，躬执农夫之作，意怀帝王之道，身在衡门[⑤]之里，志图八极[⑥]之表，故释负鼎之志，为天子之佐，尅[⑦]夏立商，诛逆征暴，除天下之患，辟残贼之类，然后海内治，百姓宁。曾子[⑧]孝于父母，昏定晨省[⑨]，调寒温，适轻重，勉之于糜粥[⑩]之间，行之于衽席[⑪]之上，而德美重于后世。此二者，修之于内，著之于外；行之于小，显之于大。

——〔西汉〕陆贾《新语》卷上《慎微》

【注释】

①闺门：古代称内室的门。也指家门。借指家庭。

②纤微：细微。

③伊尹负鼎：典出《史记·殷本纪》。伊尹，名挚，又称伊挚，商初大臣。相传曾为有莘氏媵臣，后辅佐成汤伐桀灭夏，建立商朝。伊尹曾

背负鼎俎见成汤，借谈论烹调之机向成汤进言，劝说其实行王道。

④有莘：古国名。其故地有多说，一说在今陕西合阳东南。成汤所娶即为有莘氏之女。

⑤衡门：横木为门。指简陋的房屋。

⑥八极：八方极远之地。

⑦尅（kè）：同“克”。

⑧曾子：即曾参（前505—前435），字子舆，春秋末鲁国南武城（今山东嘉祥）人。孔子弟子，曾将孔子言行整理成《论语》。著有《曾子》《大学》《孝经》。

⑨昏定晨省：旧时子女侍奉父母的日常礼节。谓晚间安排床衽，服侍就寝，早上省视问安。

⑩糜粥：粥。糜，煮粥使糜烂。

⑪衽（rèn）席：泛指卧席。

【译文】

建大功名于天下的人，一定要先在家里修炼自己的德行；传英名于万代的人，一定先从极为细小的事情做起。因此，伊尹负鼎，居于有莘国郊外，在茅草屋里修养心性，亲自从事劳作，却不忘思考治国之道，身在柴门之中，却心怀天下，所以释负鼎之志，成为成汤的辅佐大臣，灭夏建商，诛杀叛逆，征伐暴虐，消除天下的祸患，惩治残酷狠毒之辈，而后海内一统，百姓安宁。曾子孝顺父母，晚上为父母铺好床，早上又来问安，嘘寒问暖。在给父母吃易消化熬烂的粥、照看起居坐卧等日常琐事上努力尽孝，而后其品德高尚的美名传扬于后世。伊尹和曾子这两个人，在家注意修炼德行，故美名得以在外传扬；在小事上躬行实践，故得以成就大事。

【作者简介】

陆贾（约前240—前170），西汉初楚国人。以善辩出名，后从刘邦平定天下。曾出使南越，宣扬声威，使南越尉赵佗臣服。官至太中大夫。著有《新语》。

第3则

为政之务　务在正身

【原文】

凡吏之于君，民之于吏，莫不听其言而则[①]其行。故为政之务，务在正身[②]。身正于此，而民应于彼。《诗》云："尔之教矣，民胥效矣。"[③]是以叶公问政，孔子对曰："子帅而正，孰敢不正？"[④]又曰："苟正其身，于从政乎何有？不能正其身，如正人何？"[⑤]故君子为政，以正己为先，教禁[⑥]为次。若君正于上，则吏不敢邪于下；吏正于下，则民不敢僻[⑦]于野。国无倾[⑧]君，朝无邪吏，野无僻民，而政之不善者，未之有也。

——〔三国魏〕桓范《政要论·政务》

【注释】

①则：效法。

②正身：犹修身。修养身心，以提高自己的品德。也叫正己。

③尔之教矣，民胥效矣：语出《诗经·小雅·角弓》。胥，皆、都。效，仿效。

④子帅而正，孰敢不正：语出《论语·颜渊篇》。帅，同“率”。帅而正，带头正身。

⑤苟正其身，于从政乎何有？不能正其身，如正人何：语出《论语·子路篇》。何有，古人习惯语，即有什么困难，亦即没难处。如正人何，即如何正人。

⑥教禁：教化、禁令。

⑦僻：邪，不正。

⑧倾：歪斜，此处亦指不正。

【译文】

官吏对于君主，百姓对于官吏，都是听其言效法其行。因此，为政的要务，首先在于正身。君主、官吏如能做到身正，那么就能在百姓那里得到响应。《诗经》说：“你这样去教导，百姓就跟着效仿。”因此叶公问政于孔子，孔子说：“你带头正身，谁还敢不正？”又说：“正身对从事治理有什么难的呢？如果自己身不正，那么如何去要求别人身正呢？”因此，君子处理政事，治理国家，以正己为先，以教化、颁布禁令为次。如果君主在上做正身的表率，那官吏就不敢在下做不正的事；官吏在下做正身的表率，百姓就不会在乡野做不正的事。国家没有不行正道的君主，朝中没有奸邪的官吏，乡野没有不正的百姓，这样还不能实现善政，那是不可能的。

【作者简介】

桓范（？—249），字元则，一作允明，三国时沛国（今安徽淮北市相山区）人。曾官羽林中监、大司农。编著有《世要论》，已散佚，今存清严可均、马国翰两种辑本。

第4则
先天下之忧而忧　后天下之乐而乐

【原文】

不以物喜，不以己悲。居庙堂[①]之高则忧其民，处江湖[②]之远则忧其君。是进亦忧，退亦忧。然则何时而乐耶？其必曰：先天下之忧而忧，后天下之乐而乐乎！

——〔北宋〕范仲淹《范文正公文集》卷八《岳阳楼记》

【注释】

①庙堂：指朝廷。
②江湖：此处指隐士的居处。

【译文】

不因外物的美好而高兴，不以自己的得失而悲伤。在朝廷上做官时，会为百姓的事担忧；身处江湖不做官时，也会为国君担忧。进入朝廷做官要担忧，退处江湖也会担忧。既然这样，那什么时候才会感到快乐呢？这样的人一定会说：在天下人忧虑之前先忧虑，在天下人得到快乐之后才快乐！

【作者简介】

范仲淹（989—1052），字希文，北宋苏州吴县（今江苏苏州）人。大中祥符八年（1015）进士。曾官秘阁校理、苏州知州、右司谏等。庆历三年（1043），任参知政事，与富弼、欧阳修等推行庆历新政。著有《范文正公文集》。

第5则
清心直道

【原文】

清心①为治本②，直道③是身谋④。秀干终成栋，精钢不作钩。仓充鼠雀喜，草尽兔狐愁。史册有遗训，勿遗来者羞。

——〔北宋〕包拯著、杨国宜校注

《包拯集校注》卷一《书郡斋壁》

【注释】

①清心：居心清正。

②治本：治国的根本。

③直道：正道，指正当的道理、准则。

④身谋：为自身谋虑。

【译文】

居心清正是治国的根本，要为自身谋划就必须走正道。挺直的树干最后总能成为栋梁之材，精钢不会只用来做鱼钩这样的小物件。仓廪充实，老鼠、麻雀之类的就会高兴；草没了，兔子、狐狸也会为吃的发愁。史书上已经有很多遗训，千万不要做被后人耻笑的事。

【作者简介】

包拯（999—1062），字希仁，北宋庐州合肥（今安徽肥东）人。天圣五年（1027）进士。历任知开封府、枢密副使等。曾任天章阁待制，人称“包待制”。又因曾任龙图阁直学士，故后人亦称“包龙图”。谥孝肃。著有《包孝肃公奏议》。

第6则
心无蔽则官修政举

【原文】

夫心无蔽[1]，故施之于己，则身治而家齐[2]；推之于人，则官修而政举[3]。其流及远，则化民成俗[4]，常必由之。古之所以长人材、厚人伦者，本是而已。

——〔北宋〕曾巩著，陈杏珍、晁继周点校

《曾巩集》卷二六《劝学诏》

【注释】

①蔽：蔽塞。

②齐：整治。

③举：振兴。

④化民成俗：教化百姓，使形成良好的风尚习俗。

【译文】

思想没有蔽塞，用于自身，自己的身心就能达到平和，家庭就能和谐；用之于他人，官员作风就得到整治，政事就得到振兴。流播到更广大的范围，则能教化百姓，使社会形成良好的风尚习俗，一切伦理纲常必由此而维持。古时之所以能人才辈出、推崇人伦，都是因为这个。

【作者简介】

曾巩（1019—1083），字子固，北宋建昌军南丰（今江西南丰）人。嘉祐二年（1057）进士。曾官史馆修撰、中书舍人等。曾整理《战国策》《说苑》，并校定南齐、梁、陈三书。为“唐宋八大家”之一。著有《元丰类稿》。

第7则
清慎勤

【原文】

当官之法，唯有三事，曰清、曰慎、曰勤。知此三者，可以保禄位[①]，可以远耻辱，可以得上之知，可以得下之援[②]。

——〔宋〕吕本中《官箴》

【注释】

①禄位：俸禄、爵位。借指官职。
②援：帮助。

【译文】

当官的法则，只有三条，即清正、谨慎、勤勉。为官者明白了这三项法则，就可以保住禄位，远离耻辱，得到上司的赏识，还可以得到下属的拥戴。

【作者简介】

吕本中（1084—1145），字居仁，世称东莱先生，宋寿州（今安徽寿县）人。绍兴六年（1136）进士。官至中书舍人兼侍讲，兼权直学士院。著有《东莱先生诗集》《紫薇诗话》《江西诗社宗派图》等。

第8则
拊心自省

【原文】

命下之日，则拊[①]心自省，有何勋阀[②]行能[③]，膺[④]兹异数[⑤]。苟要其廪禄[⑥]，假其威权，惟济己私，靡思报国，天监[⑦]伊迩[⑧]，将不汝容。夫受人直[⑨]而怠其工，儋[⑩]人爵而旷其事，己则逸矣，如公道何？如百姓何？

——〔元〕张养浩《牧民忠告》卷上《拜命第一·省己》

【注释】

①拊：同“抚”。
②勋阀：亦作“勋伐”，指功绩。
③行能：品行与才能。
④膺：接受，承当。
⑤异数：特殊的礼遇。
⑥廪禄：俸禄。
⑦天监：上天的监视。亦指皇帝的鉴察。

⑧伊迩：不远，将近。
⑨直：通“值”，工钱。
⑩儋：同“担”。

【译文】

任命下来的时候，应该扪心自问，自己有什么功绩才能，能受到这样特殊的礼遇。如果只是为了俸禄，假借这样的权势，只想为自己的私利着想，不想报效国家，上天也不会容你。拿着工钱却消极怠工，肩负着职责却荒废应当做的事，自己是安逸了，可你怎么能公道，怎么能面对百姓？

【作者简介】

张养浩（1270—1329），字希孟，元济南人。历任监察御史、礼部尚书、参议中书省事、陕西行台中丞等。著有《归田类稿》《三事忠告》等。

第9则

善自修者能保其荣

【原文】

前辈谓仕宦而至将相，为人情之所荣。是不知荣也者辱之基也。惟善自修者，则能保其荣；不善自修者，适足速其辱。所谓善自修者何？廉以律身，忠以事上，正以处事，恭慎以率百僚。如是则令名①随焉，舆论归焉，鬼神福焉，虽欲辞其荣不可得也。所谓不善修者何？徇私忘公，贪无纪极②，不戒覆车③，靡思报国。如是则恶名随焉，众毁归焉，鬼神祸焉，虽欲避其辱亦不可得也。

——〔元〕张养浩《庙堂忠告·修身第一》

【注释】

①令名：美名。

②贪无纪极：贪婪过分没有法度标准。

③覆车：覆车之鉴，比喻失败的教训。

【译文】

前辈说，做官做到将相，被世人认为是荣耀的。这是不知道荣耀是耻辱的开始。只有善于修养自我的德行，才能保持住荣耀；不善于修养自我的德行，则足以使耻辱加速到来。所谓善于修养自我的德行指什么？即以清廉来约束自己，以忠诚来事奉君王，以正直来处理事情，以恭敬谨慎来率领下属。如果像这么做，那么好的名声就跟着他，舆论就向着他，鬼神也会造福于他，即使想远离荣耀都不可能。所谓不善于修养自我的德行指什么？即徇私利而忘公益，贪婪而没有限度，不以前车之鉴为戒，不思报效国家。像这样做，恶名就跟着他，众人的毁谤就朝向他，鬼神也降祸给他，即使想要逃避耻辱也做不到了。

【作者简介】

张养浩，见第 8 则。

第10则
世情宜淡　立志贵刚

【原文】

世情[1]宜淡，立志贵刚。刚则欲不能屈，淡则欲念不起。

——〔明〕涂榜《宦游日记·劝勉》

【注释】

①世情：世态人情。

【译文】

对世态人情应该淡泊，立志则贵在刚强。刚强则不会屈服于贪欲，淡泊则不会有太多的欲念。

【作者简介】

徐榜，生卒年不详，号荐所，明南直隶泾县（今安徽泾县）人。曾任济南知府，后官至浙江右布政使。著有《宦游日记》。

第11则
融物我于一掬

【原文】

人惟胸次[1]猥琐，眼腔龌龊[2]，只觉世界跼蹐[3]，日为喜怒所役，以致生民休戚[4]，若无所关。其究在学力之未充，故器量多褊[5]浅耳。然中又有天性爽闿[6]，如韩稚圭[7]之不见怒于火须侍卒，仍作书如故，似又非学力可能也者。总之，士君子有藏垢纳污之怀，乃能淆弗浊，澄弗清，融物我于一掬[8]，如天之无不覆也，如地之无不载也，斯物赖其生成，而功化德业[9]亘古俱无疆矣。

——〔明〕潘游龙《康济谱》卷三《器量》

【注释】

①胸次：胸间。亦指胸怀。

②龌龊：气量狭隘，狭小。

③跼蹐（jújí）：亦作“蹐跼”，局促。

④休戚：喜乐和忧虑。亦指有利的和不利的遭遇。

⑤褊（biǎn）：狭小，狭隘。

⑥爽闿（kǎi）：豪爽开朗。

⑦韩稚圭：即韩琦（1008—1075），字稚圭，号赣叟，北宋相州安阳（今河南安阳）人。天圣五年（1027）进士。曾官右司谏、枢密使、右仆射。封魏国公。著有《安阳集》。

⑧掬：捧。

⑨功化德业：功业，教化，德行。

【译文】

如果人的胸襟猥琐，眼界狭小，只会觉得世界局促有限，每天被个人喜怒所役使，以致百姓的喜乐忧虑好像跟自己没关系。究其原因，在于个人学问上的造诣还不够，所以度量多狭小浅薄。但其中又有天性豪爽开朗的人，如韩稚圭被火烧了胡子也不对侍卒发怒，仍然继续写信，这似乎又不是仅凭学问好就能做到的。总之，君子只有具有能藏垢纳污的胸怀，才能淆乱不浊，澄清不清，将外物与自我融为一体，就像天无处不能覆盖，地无物不能承载一样，万物也就是凭借这一点生长繁衍的，而功业教化德行才能传之久远，没有穷尽。

【作者简介】

潘游龙，生卒年不详，字子麟，明湖北松滋人。著有《康济谱》《笑禅录》《精选古今诗馀醉》等。

第12则
作官不可爱名

【原文】

作官者不可不爱名，而不可爱名。真父母之名，不可不爱也；不爱，必将有草菅①其民者矣。能吏②之名，则不可爱也；爱之，必将有赫赫③于名而泛泛于民者矣。夫所慈父母之名正未必赫赫然者也。非推诚劳来④，德教相迪，乌能使百姓亲爱，攀车涕泣而不释乎？

——〔明〕潘游龙《康济谱》卷三《器量》

【注释】

①草菅：草茅。比喻微贱。
②能吏：能干的官吏，多指能利用各种手段解决棘手问题的官员。
③赫赫：显赫盛大。
④推诚劳来：以诚相待，以恩德招之使来。

【译文】

做官者不可不爱惜名声，又不可以爱惜名声。真父母官的名声，不可以不爱惜；不爱惜的话，必将会轻视他的百姓。能吏的名声，就不可以爱惜了；爱惜的话，必将只爱显赫的名声而对百姓疾苦关心不够。真正仁爱和善的父母官的名声正未必是显赫盛大的样子。不以诚相待，以恩德招徕，以德行和教化教导，如何能使百姓亲近敬爱，攀住马车流着眼泪不忍放走呢？

【作者简介】

潘游龙，见第 11 则。

第 13 则
骄则自盈

【原文】

是以人臣之行，莫善于敬，莫不善于骄。盖骄则自盈[①]。自盈则惰慢[②]之气存于中，傲肆[③]之形见于色，虽有善焉，莫之能益[④]矣。

——〔清〕王永吉《御定人臣儆心录·骄志论》

【注释】

①自盈：自满。
②惰慢：懈怠不敬。
③傲肆：傲慢放肆。
④益：好处。

【译文】

作为官员，最好的品行莫过于恭敬，最不好的品行莫过于骄纵。骄纵则自满自大，自以为是。自满的话，懈怠不敬之气就会存于内心，傲慢放肆的态度就会见之于色，即使心存善念，也不会有什么好处。

【作者简介】

王永吉（1600—1659），字修之，号铁山，清江苏高邮人。天启六年（1626）进士。曾官大理寺卿、户部侍郎、兵部尚书等。著有《御定人臣儆心录》等。

第14则
出仕根柢系操守

【原文】

士君子立品自好①，必曰砥砺廉隅②。可见操守两字，严于家修，非必俟释褐登朝③，而后讲究做清白吏也。然至服官④，更为吃紧。盖操守者，出仕之根柢⑤，必于此处立稳，则事功经济⑥由此而起。否则大本先拔，虽有枝叶向荣，徒供斤斧摧折耳。

——〔清〕田文镜、李卫《钦颁州县事宜·操守》

【注释】

①立品自好：培养品德，自爱自重。
②砥砺廉隅：谓磨炼节操。廉隅，棱角，喻指操守方正。
③释褐登朝：指始任官职，进用于朝廷。
④服官：为官，做官。
⑤柢（dǐ）：草木的根。比喻事物的根基、基础。
⑥事功经济：经事济民的业绩。

【译文】

士人君子培养品德，自爱自重，必称磨炼节操。可见操守二字，严于在家中修养，不是要等到脱下百姓穿的衣服，成为朝中的官吏，然后再讲求做清白的官吏。但是到了做官之时，操守就更为重要。操守是步入仕途的根基，必须在这个问题上牢牢把握住，那么经世济民的功业才会由此而起。否则大根被拔，虽然枝叶仍然繁茂，也只是白白地供斧头来砍斫而已。

【作者简介】

田文镜（1662—1732），字抑光，清汉军正黄旗人。康熙二十二年（1724）以监生任长乐县丞。历任内阁侍读学士、河南巡抚、河南山东总督等。著有《抚豫宣化录》，与李卫合纂《钦颁州县事宜》。

李卫（1687—1738），字又玠，清江苏铜山（今江苏徐州市铜山区）人。康熙末捐资为员外郎。历任浙江巡抚、浙江总督、直隶总督等。谥敏达。曾主持编修《浙江通志》《畿辅通志》。

第15则
居官不可作受用之想

【原文】

居官不可作受用[①]之想。天之生我，异于众人，与以治世之职，是造福于世之人，非享福之人也。乃不念造福之理，事事为享福计。官署必欲华美，器用[②]必欲精工，衣服必欲艳丽，饮食必欲甘美。甚且不但为自己享福计，且为子孙享福计。良田欲得万亩，大厦欲构千间，珍玩必求全备。百计搜索横财，以供享福之用。噫，误矣！上天生尔为造福之人，今反为造殃之人。清夜自思，上天岂肯宽贷也。

——〔清〕陈宏谋《从政遗规》卷下《王朗川言行汇纂》

【注释】

①受用：享受。

②器用：器皿用具。

【译文】

做官不可有享受的想法。上天让我与众不同，给予我管理世事的职责，是为让我成为造福于世的人，而不是成为享福的人。然而不想造福的原因，就是事事为享福算计。官署一定要华美，器皿用具一定要精致，衣服一定要艳丽，饮食一定要甘美。甚至不仅替自己的享福打算，还要替子孙做享福的打算。良田想得到万亩，大厦想建千间，珍玩一定求完备。千方百计地搜刮不义之财，以供享福之用。唉，大错特错了！上天本想让你成为造福的人，现在反成了制造祸害的人。清静的夜晚你扪心自问，上天怎么会宽恕你呢！

【作者简介】

陈宏谋（1696—1771），字汝咨，号榕门，清广西临桂（今广西桂林市临桂区）人。雍正元年（1723）进士。历任甘肃、江西、陕西等省巡抚，陕甘、两广、两江等总督，吏部尚书，工部尚书，东阁大学士等。著有《培远堂全集》。另著有《养正遗规》《训俗遗规》《从政遗规》《教女遗规》《在官法戒录》，被称为《五种遗规》，影响很大。

第16则
谦抑得体　平易近人

【原文】

官自有体，世谓之官体[①]。或以养尊自贵为立体，不知其转失体也。吾所谓体则不然，谦谦[②]其度，抑抑[③]其仪，油然[④]可亲，蔼然[⑤]可乐。盖州县为民父母，父母之于子，自无色相[⑥]体岸之可求，斯为真得体矣。其实只是平易近人耳。

——〔清〕袁守定《图民录》卷一《官体》

【注释】

①官体：官吏所应遵循的规章制度。
②谦谦：谦逊的样子。
③抑抑：审慎、谦谨的样子。
④油然：舒缓的样子。
⑤蔼然：温和、和善的样子。
⑥色相：相貌体态。

【译文】

做官自然有做官的规制，世人称为官体。有的人把养尊处优、自视高贵当作树立官体，却不知道这样反而丢掉了官体。我所说的官体不是这样，而是谦逊的气度，谦谨的仪表，和蔼可亲，和善可近。州县官是百姓的父母官，父母对于子女自然没有外貌仪表上的要求，这才是真正做到了符合官体。有官体，其实就是平易近人罢了。

【作者简介】

袁守定（1705—1782），字叔论，号易斋，晚号渔山翁，清江西丰城人。雍正八年（1730）进士。历任湖南会同、洪江、芷江知县，楚阳知州，直隶曲周知县，礼部主事等。建义学，兴教化，被誉为“袁青天”。著有《雩上诗说》《地理啖蔗录》《图民录》等。曾参与编修《湖南通志》。

第17则
居官须耐烦

【原文】

居官讼狱[①]烦，簿书[②]烦，酬应[③]烦，当之如集猬，理之如刈麻，可谓应接不暇矣。居是职者无他谬巧[④]，只耐烦便了一切。若案牍[⑤]不耐烦，则不能详阅，而奸吏得乘其惰矣。词讼不耐烦，则不能详鞫[⑥]，而奸民得售其欺矣。接人不耐烦，则词色必简率，而瞻望者索然无余趣矣。事上不耐烦，则礼意不周到，而芥蒂者纷然，寻衅端[⑦]矣。《论语》曰："君子无众寡，无小大，无敢慢。"[⑧]其耐烦之谓乎！

——〔清〕袁守定《图民录》卷一《耐烦》

【注释】

①讼狱：诉讼。

②簿书：官署中的文书簿册。

③酬应：应酬，交际往来。

④谬巧：巧计。

⑤案牍：公事文书。

⑥鞫（jū）：审问犯人。
⑦衅端：争端，事端。
⑧君子无众寡，无小大，无敢慢：语出《论语·尧曰篇》。

【译文】

做官的人，诉讼、文书、应酬多且乱，面对这些事时就像身边聚集了许多刺猬一样，处理这些事就好像割麻一样，可以说是应接不暇。在这样职位上的人没有别的巧妙办法，只要耐烦就可以做好所有这些事。如果对来往公文不耐烦，就不能仔细审阅，奸滑的书吏就会趁官员犯懒钻空子。对于诉讼官司不耐烦，就不能详细审问，不务正业的人就能够达到欺诈的目的了。待人不耐烦，那么言语和神色必然会简略草率，仰慕你的人就不会再对你有兴趣了。侍奉上司不耐烦，那么礼数就不会周到，从而让上司心生芥蒂，以致将来惹出事端。《论语》中说："君子不论事多事少，事大事小，什么事也不敢怠慢。"这就是说的耐烦吧！

【作者简介】

袁守定，见第16则。

第18则

出之以诚　求尽吾心

【原文】

如之何而可不得罪于群黎百姓？曰诚而已矣。三代直道之风，今犹古也。为治有体[①]，焉得人人而悦之！一有沽名邀誉之私，其奉我以虚名虚誉者，即导我以偏好偏恶，而便民之事亦且病[②]民。惟出之以诚，求尽吾心焉。有隐受吾庇者，虽奸胥、蠹役、讼师、地棍之类谤声交作，不足恤也。

——〔清〕汪辉祖《学治臆说》卷下《勿沽名邀誉》

【注释】

①体：此处指规矩，制度。

②病：损害，祸害。

【译文】

怎么做才能不得罪百姓呢？唯诚而已。三代有直道之风，现在和以前是一样的。理政自有理政的制度，怎么能让人人都满意呢！一旦有了沽名钓誉的私心，给我虚名虚誉的人就会把我引导向偏执的一面，致使便民利民的事也会变成损民害民的事。只有出于诚心，尽心为民。有受我庇护的人，即使奸胥、蠹役、讼师、地棍之类指责咒骂之声迭起，也不值得忧虑。

【作者简介】

汪辉祖（1730—1807），字焕曾，号龙庄，晚号归庐，清浙江萧山（今浙江杭州市萧山区）人。乾隆四十年（1775）进士，授湖南宁远知县。后因事夺职，闭户读书，不问外事。著有《学治臆说》《佐治药言》《读史掌录》等。

第19则
克性之偏

【原文】

性有所偏，急须克治。克治之目有十焉：弛缓[①]，克之以敏[②]；急躁，克之以宽[③]；烦苛[④]，克之以静；骄矜[⑤]，克之以温[⑥]；多言，克之以默；好货[⑦]，克之以廉；轻佻，克之以庄；乖戾[⑧]，克之以慎[⑨]；遗失[⑩]，克之以勤；不可自恕，不可苟安[⑪]。庶几古人弦韦[⑫]之义，书以自勉，非敢警世云。

——〔清〕严廷珏《续修易门县志》卷一三《艺文志下》

【注释】

①弛缓：放松，懈怠。
②敏：迅速，灵活。
③宽：舒缓。
④烦苛：繁杂苛细。多指法令。
⑤骄矜：骄傲自负。
⑥温：温和，温厚；和气。

⑦好（hào）货：贪爱财物。
⑧乖戾：抵触，不一致。
⑨慎：通“顺”，顺从，顺应；遵循，依顺。
⑩遗失：失误，过失。
⑪苟安：苟且偷安。
⑫弦韦：语出《韩非子·观行》，原文为：“西门豹之性急，故佩韦以自缓；董安于之心缓，故佩弦以自急。”后以“弦韦”喻缓急。

【译文】

人的品性有时会出现偏差，需要加以克制。需要克制的情况有十种：懈怠，要用敏捷来克制；急躁，要用舒缓来克制；苛杂，要用安闲来克制；自大，要用谦和来克制；话多，要用少说来克制；爱财，要用清廉来克制；轻浮，要用端庄来克制；抵触，要用顺从来克制；过失，要用勤勉来克制；不能对自己过于宽容，也不能苟且偷安。这可能类似于古人佩带弦韦的意思，写出来聊以自勉，不敢拿来警告世人。

【作者简介】

严廷珏（1801—1853），字行之，号比玉，清浙江桐乡人。嘉庆年间诸生，道光时贡生。曾以云南府同知署易门知县，后升丽江知府、顺宁知府。著有《小琅玕山馆诗钞》《怡红轩诗稿》《乡贤录》，曾纂修《续修易门县志》。

第20则

操守不清　才无足取

【原文】

廉洁乃居官首重[1]，精勤尤为政先资[2]。牧令各官，身膺民社[3]。才有短长，操守可以自主；事有难易，勤惰不由他人。操守不清，有才亦无足取；办事若勤，驽钝犹堪策励[4]。二者实官场利害攸关，亦百姓休戚[5]所系也。

无如官场陋习，不以民事为重。易办之事，则视为无关紧要也。难办之事，则又设法推诿矣。一入官衙，惟知打算每年出息[6]若何，至于民生休戚，则始终不曾念及。一遇民事，惟思迎合上司喜怒如何，至于小民利害，则前后更不暇计。祇觉眼前官职不甚尊荣，全忘治下子民曾否得所。夫居官者，刻刻有不容已[7]于斯民之心，尚恐才力不到，机宜未协[8]，未能有益于民。若并无此为民之一心，虽有长才异能，适以济其荣身肥家之巧计，更不必问其措施如何、结局如何矣。尝见有极利民之事，而行之不见其利、翻见其害者，皆由其心原不曾计及于民也。凡此道理，随处可见，染此习尚，误人不浅。

——〔清〕涂栋《牧令书》卷八《屏恶》

【注释】

①首重：第一重要的。
②先资：先要具备的资格。
③身膺民社：身受人民土地之重托。膺，接受，承当。民社，人民和土地。
④驽钝犹堪策励：即使才能低下，仍可督促勉励。驽钝，才能低下。堪，能。策励，督促勉励。
⑤休戚：喜乐和忧虑。
⑥出息：收益。
⑦容已：容许停止。
⑧机宜未协：为民办事的条件不合宜。机宜，条件、机会。未协，不合洽。

【译文】

廉洁对居官来说是最重要的事，精勤又是为政最应具备的资格。州县各官，承担着管理人民和土地的职责。其才能有长有短，但做人的操守可以自己作主；事有难易，勤谨懒惰却不由他人。操守不清廉，有才能也不足取；办事如若勤快，即使才能低下，仍可督促勉励。廉洁、精勤直接关系为官的利害，也是百姓苦乐之所系。

无奈官场陋习，不以百姓的事为重。好办的事，就认为无关紧要。难办的事，则又设法推诿。一进入官衙，便只知计算自己每年的收益，至于百姓的苦乐，则从来不曾念及。一遇到民事，只想迎合上司，看其高兴与否，至于百姓的得失，则从没工夫考虑。从来只觉得自己的官职不够尊崇荣耀，全不顾治下的百姓是否得到了应得的。当官者时时要有为百姓考虑的心，这样尚且唯恐自己能力不够，为民办事的条件不合宜，不能有利于百姓。如果没有这样时刻为百姓考虑的心，虽然有优异的才能，却正好利用这种才能去运用使自身荣耀、自家富足的伎俩，这样就更不必问他如何去做、结局如何了。曾看到过对百姓极有利的事，执行之后百姓却见不到好处，反而倒有害处，这都是因为他心里从来不曾为百姓考虑。这样的事随处可见，沾染了这样的习性，害人不浅。

【作者简介】

徐栋，生卒年不详，字致初，清直隶安肃（今河北保定市徐水区）人。道光二年（1822）进士，授工部主事。曾知兴安府（今陕西安康）。辑有《牧令书》等。

严以修身故事一

晏婴——勤俭修身，克己爱民

春秋时，齐国丞相晏婴清廉俭约，克己修身，为百官表率。晏婴平时在穿着上十分注意，只穿粗布衣服。他只有一件像样的狐皮大衣，也只是在重要的场合穿用，而且一直穿了三十多年。晏婴每天吃的也是粗茶淡饭，从来不要求大鱼大肉。一天，他正要吃午饭时，齐景公派使者来见他，他就把自己的饭菜分成两份，请使者和他共进午餐。结果晏婴和使者都没有吃饱。使者回去后把这件事告诉了景公，景公说："晏婴家穷成这样，我都不知道，是我的过错啊！"然后就派人去给晏婴送钱，让他拿这些钱作为日常接待客人的资金。但是晏婴却不接受，景公又命人送了三次，他还是执意不收。景公很不理解。晏婴解释说："我们家并不穷，您从前给我的赏赐已经很丰厚了。我听说作为一个大臣，将国君的赏赐用于百姓身上，是以臣代君治理百姓，忠臣是不这样做的；不把国君的赏赐用在百姓身上而自己藏起来，仁义的人是不会这样做的；从国君那里得到大量的赏赐，不顾别的士人对自己的看法，死后再把财产转给家人，聪明的人是不会这样干的。您给我的赏赐真的已经足够了。"景公不解地问："想当年，管仲不也接受了先君封赏吗？你为什么要推辞呢？"晏婴回答说："我认为自己虽然愚笨，但在这件事的处理上可能是正确的，所以才不接受。圣人千虑，必有一失；愚人千虑，必有一得。"

晏婴平时上朝，总是乘坐一辆劣马拉的破车。景公见了就问："您的俸禄不够用吗，太少吗？为什么乘坐这种车呢？"晏婴说："您给我的俸禄已经够多了，足以让我养家糊口了。我能吃饱穿暖，即使乘坐这样的马车也很知足了。"景公觉得他乘坐的马车与他的身份太不相称，便多次派人送去新车骏马，却都被他拒绝了。景公很不高兴，就把晏婴找来责问。晏婴说："您让我管理全国的官吏，我深感责任重大。平时，我反对奢侈浪费，要求他们节衣缩食，以减轻百姓的负担。如果您乘坐好车好马，我也乘坐好车好马，百官们便会上行下效，奢侈之风就会盛行。这样的话，到时我就没办法禁止奢靡之风了。"

——参见〔春秋〕晏婴《晏子春秋·内篇·杂下》

【人物简介】

晏婴（前578—前500），即晏子，字仲，春秋时夷维（今山东高密）人。齐国大夫，历事齐灵公、庄公、景公三朝，辅政长达五十余年。以生活节俭、谦恭下士著称。谥平，习惯上多称平仲。

严以修身故事二

陈寔——宽厚清静，以德服人

陈寔出身于寒微之家，少年时即勤奋好学，博览群书。他在家乡的山中隐居时，当地发生了一起命案，同县一个姓杨的官吏怀疑是陈寔干的，于是把他押到了县衙。经过一番审问，最终没拿出什么真凭实据，就放了他。后来陈寔当了督邮，并不曾因为这件事记恨那位姓杨的官吏，还以礼相待。

后来，陈寔调任太丘（今河南永城西北）县令，他主张修养德行，追求清静为政，百姓得以安居乐业。县里的官吏担心百姓好争讼，就禀告陈寔，希望能严令加以禁止。陈寔说："打官司是为了求得公正，我们有什么理由来禁止人们求公平公正呢？不用限制百姓。"上司官员听到这件事，感叹说："陈君说话说到这样的地步，怎么还会有埋怨他的人呢？"虽然没有禁止百姓打官司，但百姓竟然也没有来打官司的。

陈寔理政有方，秉公办事，心地宽厚，善于以德服人。一天晚上，陈寔发现自己家里有个小偷躲在屋梁上，他并没有声张，而是把子孙们叫到跟前，严肃地讲了一番做人的道理。他说："人不能不自励，不善良的人并不是生来就是恶的，而是因为慢慢受环境的影响才变坏的，我们家梁上这位君子就是这样的。"躲在房梁上的小偷大惊，马上跳下房梁，连连向陈寔磕头赔罪。陈寔对他说："看你的长相，也不像是坏人，你今后应该好好地反省自己，想必你也是因为贫困才这样做的。”说完之后，还给了这个小偷两匹绢，把他送走。从此以后，一县之内竟然再也没发生过偷盗案件。

——参见〔南朝宋〕范晔《后汉书·陈寔传》

【人物简介】

陈寔（104—187），字仲弓，东汉颍川许（今河南许昌东）人。因曾任太丘长，故后世称其为“陈太丘”。与子陈纪、陈谌并著高名，时号“三君”。

严以修身故事三

何远——正身率职，轻财好义

南朝梁时，何远任武昌太守，尽职尽责，杜绝交游，对下属和百姓的馈赠丝毫不收受。武昌民间都是从长江取水饮用。夏天时，何远嫌江水不凉，便经常用钱买百姓井中的水来饮用，如果百姓不收钱，他就命人把水给人送还回去。他所用的车辆和礼服也都很简陋，日常所用器物都是没有装有铜饰物和刷过漆的。长江两岸盛产水产品，十分便宜，但何远每顿饭不过吃干鱼数片而已。

何远后来当镇南将军、武康（治在今浙江德清）县令时，更加坚持清廉的节操，以身作则，为民表率，很受百姓爱戴。吴兴（今浙江湖州）太守王彬巡察属县时，所属各县的县令都盛情款待王彬。到武康后，何远只为王彬准备了干粮和水。王彬离去时，何远送他到县境，送了一斗酒、一对鹅作为临别赠礼。梁武帝知道了何远的才干，擢升他为宣城太守。从县令升为靠近京都的大郡太守，这在当时是从未有过的事。过了一年，何远迁任树功将军、始兴内史。何远开拓街巷，修整墙屋，都像经营自己家业那样加以修治。年底时，他还把他的官俸拿出来，替穷困百姓交税款。以至于何远所到之处，百姓都为他建立生祠。梁武帝曾下诏说："何远治理政务，以道义为先，惠及百姓，即使是古代的贤良太守，也无法超过他了。"何远为人耿直清高，不徇私情，始终清正廉洁，以至于他的妻儿生活的也和平常百姓无异。

——参见〔唐〕姚思廉《梁书·何远传》

【人物简介】

何远（470—521），字义方，南朝东海郯县（今山东郯城）人。初仕于南朝齐，为江夏王国侍郎，后曾降北魏。后由北魏返回，出任梁武昌太守，以后历任郡、县官员，颇受百姓爱戴。

严以用权

官员应牢固树立权为民所有、权为民所赋、权为民所用的权力观，正确看待权力、地位、利益，克己奉公，用权为公，规范用权，谨慎用权，清正廉明，为民造福。本篇所选官箴，或提倡“官不私亲”，或提倡“令不频改”，或提倡“谨慎执政”，或提倡“官须自做”，对鼓励官员公正用权有着很强的现实意义。

第21则
以公灭私　民其允怀

【原文】

凡我有官君子，钦乃攸司[①]，慎乃出令，令出惟行，弗惟反。以公灭私，民其允[②]怀[③]。学古入官，议事以制，政乃不迷。其尔典常作之师[④]，无以利口乱厥官。

——〔先秦〕《尚书·周官》

【注释】

①钦乃攸司：认真对待你们所掌管的工作。钦，敬重。攸，所。司，职司。

②允：信任。

③怀：归向，归附。

④其尔典常作之师：你们要用已有的典章制度作为法则。典常，旧典、故事。师，学习、师法。

【译文】

凡我们各级官长，须认真对待你们掌管的工作，慎重对待你们发布的命令，命令既出就要执行，不可反复调改，不可违逆。以公正消除私情，百姓才会信任归顺。先学习古代经典，了解前代成败经验，然后从事行政管理，议论政事依据法律、制度，行政就不会犯迷糊、出错误。你们要学习、运用已有的典章制度，而不是以花言巧语干扰官员执政。

【作者简介】

作者不详。

第22则

任法任公

【原文】

任法而不任智，任数[①]而不任说，任公而不任私，任大道而不任小物，然后身佚[②]而天下治。舍法而任智，故民舍事而好誉；舍数而任说，故民舍实而好言；舍公而好私，故民离法而妄行；舍大道而任小物，故上劳烦，百姓迷惑，而国家不治。

——〔春秋〕管仲《管子·任法》

【注释】

①数：定数，规律。

②佚：同“逸”，安适。

【译文】

凭借法律而非个人智术来治理国家，凭借规律、政策而非无据之言来做决断，恪守公正而非根据私利来处理事情，遵循大道而非依据小事来筹谋策划，其结果是己身安适、天下太平。舍弃法律制度而依凭个人智术来治理国家，百姓就会舍弃勤笃之气，而追逐虚名；舍弃规律、政策而依凭无据之言来做决断，百姓就会舍弃务实之风，而崇尚虚言；舍弃公正而依靠私利来处理事情，百姓就会背离法律制度，而胡作妄为；舍弃大道而依靠小事来筹谋策划，管理者就会劳烦忙乱，百姓就会迷惑不清，而国家也不会太平。

【作者简介】

管仲（？—前645），名夷吾，字仲，即管子，春秋时期颍上（今安徽颍水之滨）人。管仲相齐，大兴改革，富国强兵，在其辅佐下，齐桓公称霸一时。法家学派代表人物，有托其名所作之《管子》，共24卷。

第23则
宽猛相济

【原文】

政宽则民慢，慢则纠之以猛。猛则民残，残则施之以宽。宽以济[1]猛，猛以济宽，政是以和。

——〔春秋〕左丘明《左传》鲁昭公二十年

【注释】

①济：调剂，调节。

【译文】

为政过于宽厚，百姓就会怠慢；百姓怠慢，就要用刚猛来予以纠正。刚猛太过，百姓就会受到伤害；百姓受到伤害，就要施政以宽。施政须用宽厚来调节刚猛，用刚猛来调节宽厚，这样，政事才能得以调和。

【作者简介】

左丘明，生卒年不详，姓丘，名明，因其父曾任左史官，故称左丘明。一说复姓左丘，名明；一说单姓左，名丘明。春秋时期鲁国都君（今山东肥城）人，曾任鲁国史官。为解析《春秋》而作《左传》，又称《左氏春秋》，又作《国语》。

第24则
为川使导　为民使言

【原文】

防民之口，甚于防川。川壅[1]而溃，伤人必多，民亦如之。是故为川者决[2]之使导[3]，为民者宣[4]之使言。

——〔春秋〕左丘明《国语·周语·邵公谏厉王弭谤》

【注释】

①壅：堵塞。
②决：导水，引水。
③导：顺通，畅导。
④宣：开导。

【译文】

阻止百姓发表意见，比堵塞河流造成的后果还要严重。河流因堵塞而溃堤，一定会伤害很多百姓，阻止百姓发表意见也是如此。因此，治水者要引导水，使其畅通而流；治理百姓者，应当开导百姓，让其畅所欲言，这样，才能了解执政的得失所在。

【作者简介】

左丘明，见第 23 则。

第25则
官不私亲　法不遗爱

【原文】

不多听[①]，据法倚数[②]，以观得失。无法之言，不听于耳；无法之劳，不图于功；无劳之亲，不任于官。官[③]不私亲，法[④]不遗爱，上下无事，惟法所在。

——〔战国〕慎到《慎子·君臣》

【注释】

①听：听从，接受。此处指听从亲近者之言。

②数：规则，道理。

③官：任官。

④法：执法。

【译文】

不听从亲近者之言，而是根据法律和规律，来判断是非得失。任何违反法律规定的话，都不入于耳；任何不符法律制度的劳作，都不计作事功；没有功劳的亲戚朋友，概不委其以官职。任用官员不偏囿于亲近之人，执行法律不将亲爱之人置于其外。上下之间，相安无事，只有实施法治才能实现。

【作者简介】

慎到，生卒年不详，即慎子，战国时期赵国邯郸（今河北邯郸）人。本学“黄老之术”，为法家重要代表人物。齐宣王、湣王时曾游学于稷下。《汉书·艺文志》著录《慎子》有42篇，后多失传，现存7篇及佚文数十条。

第26则

公生明　偏生暗

【原文】

公生明，偏生暗，端悫[①]生通，诈伪生塞，诚信生神，夸诞生惑。此六生者，君子慎之，而禹[②]、桀[③]所以分也。

——〔战国〕荀况《荀子·不苟》

【注释】

①悫（què）：诚实。

②禹：姒姓，史称大禹、帝禹，为夏后氏首领、夏朝开国君王。相传，禹治理黄河有功，受舜禅让而继承帝位。

③桀（jié）：姒姓，夏后氏，名癸，一名履癸，夏朝最后一位君主。在位荒淫无度，暴虐无道。谥号桀，史称夏桀。

【译文】

公正，就能明察真伪是非；偏私，就会分不清美丑利害；正直诚实，就会诸事通达和顺；欺诈虚伪，就会困窘不堪；至诚守信，就会通于神明；浮夸虚诞，就会迷惑于物利的得失。这六个方面，正是君子需要谨慎注意的，也是禹、桀不同之所在。

【作者简介】

荀况（约前313—前238），即荀子，名况，字卿，战国时期赵国人。曾三次出任齐国稷下学宫的祭酒，后为楚兰陵令。著有《荀子》，共32篇。

第 27 则

明法制　去私恩

【原文】

必明于公私之分，明法制，去私恩。夫令必行，禁必止，人主之公义也；必行其私，信于朋友，不可为赏劝，不可为罚沮[①]，人臣之私义也。私义行则乱，公义行则治，故公私有分。人臣有私心，有公义：修身洁白，而行公行正，居官无私，人臣之公义也；污行从欲，安身利家，人臣之私心也。

——〔战国〕韩非《韩非子·饰邪》

【注释】

①沮：通“阻”，阻止。

【译文】

治理之道一定要明确公与私的区别，严格遵循法律制度，拒绝所有的私人恩惠。令必行，禁必止，这才是君主执政的公义。一定要根据自己的私利行事，取信于朋友之间，不能以赏赐来鼓励，也不能以刑罚来阻止，这是做臣子的私义。私义盛行，国家就会混乱；公义盛行，国家就会太平，所以公私一定要区别清楚。做臣子的有私心，也有公义：修身廉洁而行事公正，做官无私，这是做臣子的公义；贪污纵欲，安身利家，这是做臣子的私心。

【作者简介】

韩非（约前280—前233），即韩非子，战国末期韩国人。法家主要代表人物。后入秦国，受秦王嬴政赏识，但遭到李斯等嫉妒，终被下狱毒死。著有《韩非子》，共55篇。

第28则

有公无私

【原文】

有公赋无私求，有公用无私费，有公役无私使，有公赐无私惠，有公怒无私怨。私求则下烦而无度，是谓伤清；私费则官耗而无限，是谓伤制；私使则民挠[1]扰而无节，是谓伤义；私惠则下虚望而无准，是谓伤正；私怨则下疑惧而不定，是谓伤德。

——〔东汉〕荀悦《申鉴》卷一《政体》

【注释】

①挠（náo）：用手轻轻抓。意指影响、骚扰。

【译文】

只有国家征收的赋税，而无个人的索求；只有国家的用度，而无个人的花费；只有国家的劳役，而无个人私事的役使；只有国家的奖赏，而无个人的私赐；只有因公而生的愤怒，而无个人的私怨。为个人而索求于百姓，则赋税繁多而无节制，有损清正廉洁；为个人而私开消费，则公费耗增而无限度，有损法律制度；为私事而役使百姓，则骚扰百姓而无穷尽，有损为官道义；为个人目的施予小恩小惠，属下整日期望，奖赏却无一定之准则，有损奖赏之正道；心怀私人怨恨，属下就会常怀恐惧，疑虑不安，有损害个人之美德。

【作者简介】

荀悦（148—209），字仲豫，东汉颍川颍阴（今河南许昌）人。汉献帝时，应曹操之召，任黄门侍郎，累迁至秘书监、侍中等。后奉汉献帝命编成《汉纪》，共30篇。另著有《申鉴》，共5篇。

第29则

明职审贤　资众以成

【原文】

夫设官分职，所以阐化宣风，故明主之任人，如巧匠之制木，直者以为辕[①]，曲者以为轮，长者以为栋梁，短者以为栱[②]角，无曲直长短各有所施。明主之任人，亦由是也。智者取其谋，愚者取其力，勇者取其威，怯者取其慎，无智愚勇怯，兼而用之。故良匠无弃材，明主无弃士，不以一恶忘其善，勿以小瑕[③]掩其功，割政分机，尽其所有。然则函牛之鼎，不可处以烹鸡[④]；捕鼠之狸，不可使以搏兽。一钧[⑤]之器，不能容以江汉之流；百石[⑥]之车，不可满以斗筲[⑦]之粟。何则？大非小之量，轻非重之宜。今人智有短长，能有巨细，或蕴百而尚小，或统一而为多。有轻才者，不可委以重任；有小力者，不可赖以成职。委任责成，不劳而化，此设官之当也。斯二者，治乱之源。立国制人，资股肱以合德；宣风道俗，俟[⑧]明贤而寄心。列宿腾天，助阴光之夕照；百川决地，添溟渤[⑨]之深源。海月之深朗，犹假物而为大；君人御下，统极理时，独运方寸之心，以括九区之内，不资众力，何以成功？必须明职审贤，择材分禄。得其人则风行化洽，失其用则亏教伤人，故云"则哲""惟难"[⑩]，良可慎也。

——〔唐〕李世民《帝范》卷二《审官第四》

【注释】

①辕：车前部用于驾牲畜的两根横木。直挺之木，可以为辕。

②栱（gǒng）：立柱和横梁之间成弓形的承重结构。

③瑕：玉的小污点。意指小过失、小缺点。

④函牛之鼎，不可处以烹鸡：典出《后汉书·边让传》，原文为“函牛之鼎以烹鸡，多汁则淡而不可食，少汁则熬而不可熟。”意为大不可小用。函，容。

⑤钧：古代重量单位，一钧等于三十斤。

⑥石（dàn）：容量单位，十斗等于一石。

⑦斗筲（shāo）：斗与筲。喻些微、微小。斗，十升为一斗。筲，竹器，可容二升。

⑧俟（sì）：等待。

⑨溟渤（míng bó）：大海。

⑩则哲、惟难：语出《尚书·皋陶谟》，原文为：“皋陶曰：‘都！在知人，在安民。’禹曰：‘呈咸若时，惟帝其难之，知人则哲，能官人。’”意为君主设官分职以治天下，其要在于知人善任。

【译文】

设立官位，安排职守，目的是阐扬教化，宣导风俗。因此，贤明君主任用人才，就如精巧的木匠制作木器，直者用做车辕，弯者用做车轮，长者用做栋梁，短者用做斗栱。不论曲直短长，皆各尽其用。贤明君主任用人才，道理也是如此。聪明者则用其智谋，愚笨者则用其气力，勇敢者则用其威武，胆小者则用其谨慎。无论智愚勇怯，皆各尽其才。因此，优秀工匠无弃用之材，贤明君主无弃置之士。不因小恶而忘其优长，不以微瑕而掩其事功。据政分权，人尽其才。不过，盛牛之大鼎，不可用来烹煮小鸡；捕鼠之狸兽，不可使与猛兽搏斗。三十斤之容器，盛不下江河之流水；一百石之巨车，亦非升斗之粟可以充满。原因何在？大器不可处以小量，轻车不可承以重载。如今之人，才智有短长，能力有大小，有的积聚一百尚且嫌少，有的总领一个也难以应对。轻才不可委以重任，力小不可依以成事。委任得人，责其成功，无须辛苦而天下化治，这才是设官、用官适当之功效。这两点，是天下安定或动乱之根源。建立国家，管理民众，需辅佐之臣同心同德；宣扬道德，引导风俗，需明贤之士寄托心愿。众星虽小，飞腾而布，可助夜月照亮日落之天空；百川虽微，汇聚成水，可增益大海之广渤深渊。大海之深，明月之朗，仍需借于细汇之百川、满天之星辰，方成伟大。治理天下百姓，上应天时，下顺地理，仅凭一己有限之智慧，总括宇内万物，而不资借众人之力，怎能成功？必须明确职位，审察贤能，选择人才，分配俸禄。用人得当，则移风易俗，教化普及；用人不当，则败坏教化，破坏人伦。因此说，“知人方为智”“选人何其难”，一定要慎之又慎啊！

【作者简介】

李世民（599—649），即唐太宗。祖籍陇西成纪（今甘肃秦安）。隋末，随父起兵太原。后为尚书令，封秦王。唐武德九年（626），发动玄武门之变，不久即帝位，改元贞观。在位期间，虚心纳谏，任人唯贤，国泰民安，史称贞观之治。

第30则
理人之道唯公

【原文】

天无私覆，地无私载。日月无私烛，四时无私为。忍所私而行大义，可谓公矣。智而用私，不若愚而用公。人臣之公，理官事则不营私家，在公门则不言货利，当公法则不阿[①]亲戚，奉公举贤则不避仇雠[②]。忠于事君，仁于利下，推之以恕道，行之以不党[③]，伊[④]、吕[⑤]是也。故显名存于今，是之谓公也。理人之道万端，所以行之在一。一者何？公而已矣。唯公心可以奉国，唯公心可以理家。公道行，则神明不劳而邪自息；私道行，则刑罚繁而邪不禁。故公之为道也，言甚少而用甚博。

——〔唐〕武则天《臣轨》卷上《公正章》

【注释】

①阿（ē）：阿顺，曲从。

②仇雠（chóu）：仇敌。

③不党：不阿附，不偏私。

④伊：即伊尹，见第2则注③。

⑤吕：即吕尚，姜姓，吕氏，名尚，字牙，又称吕望，俗称姜子牙。为周文王、周武王之师，辅佐周武王伐纣灭商。后受封于营丘（今山东淄博东北），为齐国开国之君。

【译文】

天无私覆，地无私载，日月无私照，四季无私运转。抑私心而行大义，可以说是“公”。聪明用于私，不如愚笨而用于公。做臣子的应持守公道。处理公事，不谋取私利；身在公门，不求利言财；秉公执法，不阿顺亲友；为公举贤，不回避不和之人。对上级忠诚，对下属仁爱，心存宽恕，推己及人，行为中正，不偏不党，伊尹、吕尚就是如此。因此，他们显赫的名声一直流传至今，这就是“公”。管理百姓的办法虽有千万多种，做起来只有一条，哪一条？公正罢了。唯有公心可以治国，唯有公心可以持家。执政以公，可不费心神而令奸邪之道止息；执政以私，则刑罚苛严繁杂，而奸邪不止。因此，公正作为治理的原则，话虽不多，用途却十分广泛。

【作者简介】

武则天（624—705），唐并州文水（今山西文水）人。十四岁入后宫，为唐太宗才人。唐高宗时，为皇后。后自立为皇帝，建立武周王朝。神龙元年（705），因兵变退位，唐中宗恢复唐朝。谥则天顺圣皇后。武则天曾令臣下撰成《臣轨》，作为臣僚借鉴之书。

第31则
赏功罚罪

【原文】

赏者必当其功，不可以恩进；罚者必当其罪，不可以幸[1]免。邪佞者虽近必黜[2]，忠直者虽远必收。法令既行，纪律自正，则无不治之国，无不化之民。

——〔北宋〕包拯著、杨国宜校注

《包拯集校注》卷二《上殿札子》

【注释】

①幸：宠幸。

②黜（chù）：罢免，革除。

【译文】

奖赏一定与受赏者功劳相当，不可凭个人恩宠颁行；惩罚一定与受罚者罪责相当，不能因个人宠幸而免除。奸邪辟佞的，即使是亲近之人，也要罢退；忠诚正直的，即使散在乡野、远在他国，也要招用。法律、政令既已施行，行政纪律自然就会端正起来，如此，则不会有无法治理之国家，也不会有不可教化之民众。

【作者简介】

包拯，见第5则。

第32则
法施于人　虽小必慎

【原文】

法施于人，虽小必慎，况举大法而加大恶乎？

——〔北宋〕欧阳修《居士集》卷一八《春秋论下》

【译文】

法律施之于人，即使是极小的判决也须谨慎小心，何况施用大法于涉及重大罪责的人呢？

【作者简介】

欧阳修（1007—1072），字永叔，号醉翁、六一居士，北宋吉州永丰（今江西永丰）人。天圣八年（1030）进士。官至翰林学士、枢密副使、参知政事。参与推行“庆历新政”。谥文忠。大力倡导诗文革新运动，系“唐宋八大家”之一，著有《欧阳文忠集》《集古录》等，主修《新唐书》《新五代史》。

第33则
令频改则难从

【原文】

言多变则不信，令频改则难从。今出令之初，不加详审，行之未久，寻又更张。以不信之言行难从之令，故每有处置之事，州县知朝廷未是一定之命，则官吏或相谓曰："且未要行，不久必须更改。"

——〔北宋〕欧阳修《居士集》卷四六《准诏言事上书》

【译文】

言语多变，则难以取信于人；命令常改，则难以使人遵从。如今发出号令之先，不仔细研审，号令推行不久，随即又加更改。以不信之言，推行难以执行之号令，因此每有需要处置之事，州县官员则知未必是朝廷一定要求执行的命令，他们就会彼此相告："暂且不要执行，不久一定会再更改的。"

【作者简介】

欧阳修，见第32则。

第 34 则
自察其实　自执其权

【原文】

胥吏之驵侩[①]奸黠者，多至弄权。盖彼本为赇赂[②]以优厚其家，岂有公论？若喜其驵侩而稍委用之，则百姓便以为官司曲直，皆出彼之手，彼亦妄自夸大以骄人。往往事亡[③]巨细，俱辐凑[④]之，甚至其门如市，而目为立地官人[⑤]者。彼之贿赂日厚，而我之恶名日彰。殊不知官长本不知也。凡事宜自察其实，自执其权，不可徇[⑥]吏。

——〔北宋〕陈襄《州县提纲》卷一《防吏弄权》

【注释】

①驵（zǎng）侩：马匹交易的经纪人。泛指经纪人。

②赇（qiú）赂：贿赂。

③亡：通“无”。

④辐凑：聚集一处。

⑤立地官人：即站着办事的官员，有指其喜爱弄权之意。小官吏在衙门听差，只能站立而无座位，故称“立地官人”。

⑥徇：曲从。

【译文】

胥吏中奸诈狡猾者，大多玩弄权势。因其本就靠贿赂富益其家，哪有公义可言？如果喜欢其市侩之一面而稍加委任，百姓就认为衙门官司的是非曲直，皆由其掌控，他们也会狂妄自夸，以此骄人。于是，百姓事无巨细，都会找其办理，以致门庭若市，被百姓称作“立地官人”。他们收受贿赂数额日益巨大，主政长官之恶名则日益昭著。殊不知长官本来不知情。因此，做官者，凡事应亲自审查，实际了解，自握权柄，不可放任胥吏胡作非为。

【作者简介】

陈襄（1017—1080），字述古，号古灵先生，北宋侯官（今福建福州）人。庆历二年（1042）进士。官至提举司天监，兼尚书都省事等。谥忠文。著有《古灵集》。

第35则
以人从法公道行

【原文】

为国者以法从人，不若以人从法。以人从法，则公道行而私欲止；以法从人，则公道止而私欲行。私欲一行，士夫争夺之门，所以四辟而不可禁，胥吏受贿之渊，所以百孔而不可窒[①]也。

——〔南宋〕杨万里著、辛更儒笺校《杨万里集笺校》卷六九《论吏部恩泽之弊札子》

【注释】

①窒（zhì）：阻塞不通。

【译文】

治理国家者让法律顺从个人意志，不如让个人遵守法律规定。让个人遵守法律，公道得以实行，而个人私欲受限；让法律顺从个人意志，公道难以实行，个人私欲则得以横行。个人私欲横行，官员争夺之大门即四扇全开，无法关禁；小吏受贿之风如同深渊，千隙百孔，无法塞止。

【作者简介】

杨万里（1127—1206），字廷秀，号诚斋，南宋吉州吉水（今江西吉水）人。绍兴二十四年（1154）进士。官至宝谟阁直学士，封庐陵郡开国侯。谥文节。著有《诚斋集》《诚斋易传》《庸言》等。

第36则
是非有理　轻重有法

【原文】

公事在官，是非有理，轻重有法，不可以己私而拂公理，亦不可骫[①]公法以徇人情。诸葛公[②]有言："吾心如秤，不能为人作轻重。"此有位之士所当视以为法也。然人之情每以私胜公者，盖徇货贿则不能公，任喜怒则不能公，党亲戚，畏豪强，顾祸福，计利害，则皆不能公。殊不思是非之不可易者，天理也；轻重之不可踰者，国法也。以是为非，以非为是，则逆乎天理矣；以轻为重，以重为轻，则违乎国法矣。居官临民，而逆天理违国法，于心安乎？雷霆鬼神之诛，金科玉条之禁，其可忽乎？故愿同僚以公心持公道，而不汩[③]于私情，不挠于私请，庶几枉直适宜而无冤抑不平之叹。

——〔南宋〕真德秀《西山政训》

【注释】

①骫（wěi）：弯曲，枉曲。
②诸葛公：即诸葛亮。
③汩（gǔ）：水流的样子。这里是埋没的意思。

【译文】

官员处理公事，是非自有公理，处置轻重与否自有法律为据，不可因私心而违背公理，也不可以枉法来曲从人情。诸葛亮说过：“我的心像一杆秤一样，不能为人任意称量轻重。”身居官职者应将这段话奉为法规。然而人之常情，每每私欲胜于公心，贪图财货就不可能公正，喜怒任性就不可能公正，偏袒亲戚、畏惧豪强、顾虑祸福、计较利害等，都不可能做到公正。殊不知是非之分，不可改易，此乃天理；轻重之别，不可逾越，此乃国法。以是为非，以非为是，是违背天理；轻罪重判，重罪轻判，就违反国法。身居官位，治理百姓，却违背天理、违反国法，内心怎能安宁？天地鬼神的诛讨，金科玉律的禁约，怎可忽视呢？因此，希望同僚秉持公心，坚持公道，而非沉迷私情，为私情阻挠，或许能使曲直适宜，而无冤枉不公之哀叹了。

【作者简介】

真德秀（1178—1235），字实夫，后改为景元，又改为希元，号西山，南宋福建浦城人。本姓慎，因避宋孝宗赵眘（shèn）讳改姓真。庆元五年（1199）进士。开禧元年（1205）中博学宏词科。曾官户部尚书。著有《西山文集》《读书记》《四书集编》等。

第37则
开诚布公　举贤任能

【原文】

天子之职，莫重择相；宰相之职，莫重用贤。然则何以知其贤？询诸人则知之，察其行则知之，观所举则知之。夫为室而不众工之资[1]，梓人[2]虽巧，室不能成矣；为国家而不众贤之集，相臣虽才，国不治矣。彼为相者，诚能开诚布公，廓焉[3]无我，己有不能，举能者而用之；己有不知，举知者而用之；己有不敢言，举敢言者而用之，如是则彼之所能，皆我有矣。必欲一身而兼众人之事，虽大圣大贤，有所不能。夫粹白之狐，举世无所有也，然而有粹白之裘者，善取于众而已矣。况大臣初不贵乎事无不知，第公正其心，无所媢[4]疾，则智者效谋，勇者效力。呫呫[5]以为才，捷捷以为辩，自炫自伐[6]，则贤者必不乐为之用。大抵人君自伐，则臣职有所不行；相臣自伐，则百执事之职有所不行。为人上者，操约以驭繁，居静以制动，以无心而应天下心，则所令者从，所庸[7]者劝。苟知其贤而任之，既任而疑之，而务胜之，顾与不知不用，自任其才也奚异？若然则体统失，而谄佞之小人至矣。与小人处，则天下之事，不论可知。

——〔元〕张养浩《庙堂忠告·用贤第二》

【注释】

①众工之资：凭借众多工匠的力量。
②梓人：木匠。
③廓焉：扩开的样子。
④娟（mào）疾：嫉妒。
⑤咕咕（chèchè）：喋喋不休。
⑥自炫自伐：自我夸耀。
⑦庸：用，任用。

【译文】

天子的职责，没有比选择宰相更重要的了；宰相的职责，没有比选用贤才更重要的了。那么，怎么样知道他有道德才能？向人们询问即知，考察其行为即知，观察其所举即知。建造房屋不靠众多工人帮助，建筑师即使再灵巧，房子也盖不成；治理国家不聚集众多贤才，宰相即使再有才能，国家也无法治理好。做宰相的，如能开诚布公，襟怀坦荡，己所不能，举荐能者以任用；己所不知，举荐知者以任用；己不敢言，举荐敢言者以任用，如此，他人之才能则皆为我有。一定要一身兼任众事，即使大圣大贤，也有所不能。纯白之狐，世所未有，但有纯白之皮裘，只是从众多狐皮中选取拼合罢了。况且，对于大臣而言，本不以事事皆知为贵，只要公平正直，无所嫉妒，那么聪明者自会贡献智谋，强壮者自会贡献力量。喋喋自以有才，巧言自以善辩，自吹自擂，那么贤能者一定不乐于为之出力。概言之，君主喜欢自我炫耀，则臣下即有不尽职者；宰相喜爱自我炫耀，则管事官员就有不尽职者。位居人上者，以简驭繁，以静制动，以无成见之心自然应对天下之心，则所下之令会执行，所用之人会鼓舞。如若知其贤能而用之，任用之后又心存怀疑，而且一定要胜过他，这与不知才、不用才，而只相信自己之才又有何区别？这样，则规矩体统尽失，而谄佞小人随之而至。与小人处事，天下之事无须多说，也可想而知！

【作者简介】

张养浩，见第8则。

第38则

居官守职　公正为先

【原文】

夫居官守职，以公正为先。公则不为私所惑，正则不为邪所媚。凡行事涉邪私者，皆由不公正故也。至公至正，虽有邪私亦不为媚惑矣。

——〔明〕汪天锡《官箴集要》卷上《正心篇》

【译文】

身居官位，忠于职守，应将公正置于首位。公平则不为私利所迷，正直则不为奸邪所惑。凡行事涉嫌奸邪谋私者，皆由不公正所致。如能公正不失，即使有奸邪私利，也不会为之迷惑。

【作者简介】

汪天锡，生平不详。著有《官箴辑要》。

第39则
宽须有制　权常在己

【原文】

宽须要有制始得，若百事不管，惟务宽大，则吏胥舞文弄法，不成官府。须要权常在己，操纵与夺总不由人，尽宽不妨。

——〔明〕杨昱《牧鉴》卷三《宽严》

【译文】

宽大须有制度才行，如果百事不管，一味追求宽大，那么办事小吏就会利用法条为奸作弊，官府也就不成其为官府了。做官须将处置之权掌握在手，不可由他人操纵定夺，如能这样，尽管宽大，不会有所妨害。

【作者简介】

杨昱，生卒年不详，字子晦，世称东溪先生，明汀州卫（今福建长汀）人。正德十四年（1519）举人。著有《师鉴》《牧鉴》《自验录》等。

第40则
官须自做

【原文】

非刚愎任性之谓也。事无钜细，权操在手，则人为我用。若胸无成见，听人主张，将用亲而亲官，用友而友官，用长随吏役而长随吏役无一非官。人人有权，即人人做官，势必尾大不掉，官如傀儡，稍加约束，人转难堪，甚有挟其短长者矣。国人知有穰侯①、华阳②，而不知有王，速败之道也。故曰官须自做。

——〔清〕汪辉祖《学治臆说》卷上《官须自做》

【注释】

①穰（rǎng）侯：即魏冉，因食邑在穰，号曰穰侯，战国时秦国大臣，秦昭王母宣太后之弟。参与拥立秦昭王，之后独揽大权，屡任秦相，权势赫赫。后被罢免，死于封地。

②华阳：即华阳君，名芈戎，亦为秦昭王母宣太后之弟。曾任左丞相，另被封为新城君。后被逐回封邑，死于封地。

【译文】

当官要自己去办事，这并不是通常所说的刚愎任性。事情不管大小，权力都要掌握在手中，那么办事的人就会为我所用。如果胸中没有自己的见解，而去听取别人的主张，这样，任用亲属而亲属当官，任用友人而友人当官，任用的随身吏役也都当上了官。造成人人有权、人人当官的情况，必然形成尾大不掉的形势，而原本当官的反而成了他们手中的玩偶，如果对他们稍微约束限制一下，他们反而会生出怨恨，甚至还有人会拿当官的把柄来要挟。这样下去，人们只知道有穰侯、华阳君，而不知道还有秦王存在，这是招致失败的途径。所以说，做官要自己办事。

【作者简介】

汪辉祖，见第18则。

严以用权故事一

董宣——不畏强权，不屈强项

董宣任洛阳县令时，光武帝姐姐湖阳公主的家奴光天化日之下杀人，躲藏至公主家中，官吏无法抓捕。公主出门的时候，又特意让这个家奴陪同驾车。董宣特意在夏门亭等候他们。他拦住公主的车马，以刀画地，大声数说公主的过失，呵斥那个家奴下车，并当场将其格杀。公主恼怒不已，当即赶到宫里向光武帝告状。光武帝极为愤怒，召来董宣，准备用鞭子抽死他。董宣磕头说："恳请让我说一句话再死。"光武帝说："什么话？"董宣说："您因德行圣明而中兴复国，现在却放纵家奴杀害百姓，您到底准备用什么来治理天下呢？不须您用鞭子抽死，请让我自杀而死。"他当即用脑袋去撞击柱子，顿时血流满面。光武帝命令宦官扶着董宣，让其向公主磕头谢罪。董宣坚决不答应，光武帝命宦官强迫他磕头。董宣两手撑地，始终不肯低头。公主说："过去弟弟做普通百姓的时候，隐藏逃亡犯、死刑犯，官吏都不敢到家门。现在做皇帝，威严不能施加给一个县令吗？"光武帝笑着说："做皇帝和做百姓不一样。"当即命令："强项令出去吧！"并赏赐董宣三十万钱。董宣把钱全部分给手下官吏。从此，董宣捕捉打击依仗权势横行不法之人，京师豪强无不为之战栗。京城称之为"卧龙"。百姓则歌颂他说："董宣在任，无人鸣冤。"

——参见〔南朝宋〕范晔《后汉书·董宣传》

【人物简介】

董宣，生卒年不详，字少平，东汉陈留圉（今河南杞县西南）人。历任北海相、江夏太守、洛阳令等职。不畏强暴，惩治豪族。任洛阳令时，当街格杀湖阳公主仗势杀人之家奴，拒不向公主低头。史称“强项令”。

严以用权故事二

苏章——公私分明，不为二天

东汉顺帝时，苏章为冀州刺史。老朋友为清河太守，苏章巡视办理其奸佞贪赃的事情。苏章先请来清河太守，为设酒肴，陈说平生之好，二人言谈甚为欢洽。太守不禁高兴道："人都只有一天，我独有二天。"意思是苏章会像一片天空一样罩着他，护佑他。苏章说道："今晚，我与老朋友一起饮酒畅谈，这是我俩的私人情谊；明天，我就是冀州刺史了，会以公职身份法办你，那时就公法无私了。"此后，苏章举正了老朋友的罪状。冀州一境之内，都知道苏章铁面无私，望风畏服。苏章后来转为并州刺史，因为打击权贵豪强，违背朝廷旨意，被免职。

——参见〔南朝宋〕范晔《后汉书·苏章传》

【人物简介】

苏章，生卒年不详，字孺文，东汉扶风平陵（今陕西咸阳西北）人。汉安帝时，举贤良方正，为议郎。曾官冀州刺史、并州刺史。

严以用权故事三

包拯——不畏权贵，公正为民

包拯代理开封府尹，升为右司郎中。他在朝廷时，为人刚强坚毅，不惧权贵，不徇私情，听说的人都很害怕他，贵戚宦官也因此大为收敛。人们都把包拯之笑比做黄河水清一样极难发生之事。小孩和妇女，也知道他的名声，因他担任过天章阁待制，叫他“包待制”。京城的人因此说：“暗中行贿疏不通关系的人，只有阎罗王和包待制。”按照旧规矩，凡是诉讼的，都不能直接到官署递交状子。包拯到任后，打开官署正门，让诉讼告状的人能够直接到其面前陈述是非，办事小吏因此也不敢欺瞒。朝中官员和势家望族私筑园林楼榭，侵占了惠民河，导致河道堵塞不通。适逢京城大发洪水，包拯趁机将那些园林楼榭全部毁掉。有人拿着地券虚报自己的田地数，包拯严格加以检验，上奏弹劾那些弄虚作假的。

包拯性情严峻刚正，憎恶办事小吏苛杂刻薄，务求忠诚厚道。他跟人交往不随意附和，不以巧言令色取悦人，平常没有私人信件，连朋友、亲戚都断绝来往。虽然地位高贵，但穿的衣服、用的器物、吃的饮食跟当百姓时一样。他曾经说：“后代子孙当官从政，假若贪赃枉法，不得放归老家，死了不得葬入家族墓地。假若不听从我的意志，就不是我的子孙。”

——参见〔元〕脱脱等《宋史·包拯传》

【人物简介】

包拯，参见第5则【作者简介】。

严以律己

为官理政，要心存敬畏、手握戒尺，慎独慎微、勤于自省，遵纪守法，做到为政清廉。本篇所选官箴，或提倡“严于律己”，或提倡“廉洁自律”，或提倡“自省”“克性”与“戒贪”，或提倡“公正廉洁”，对于告诫与警醒为官从政者重视和加强自我约束、做到清正廉洁具有很强的借鉴意义。

律乙

第41则
理官莫如平

【原文】

君子虽富贵，不以养[①]伤身；虽贫贱，不以利毁廉。知为吏者，奉法[②]以利人；不知为吏者，枉法以侵人。理官莫如平[③]，临财莫如廉。廉平之德，吏之宝也。非其路而行之，虽劳不至；非其有而求之，虽强不得。知者不为非其事，廉者不求非其有，是以远害而名彰也。故君子行廉以全其真[④]，守清以保其身。富财不如义多，高位不如德尊。

——〔唐〕武则天《臣轨》卷下《廉洁章》

【注释】

①养：指享受、养尊处优。
②奉法：奉公守法。
③平：公平。
④真：指本性，或为人之道。

【译文】

君子虽然富贵，但不因过分享受而伤了自己的身体；虽然贫贱，但也不因追求私利而坏了廉洁的名声。懂得怎样做官的人，奉公守法而为百姓造福；不懂得怎样做官的人，则会违反法律而侵害百姓。做官没有什么比公平更为重要，面对钱财没有什么比廉洁更为重要。廉洁公平的德行，是做官的法宝。这好比说，本不是路而非要行走，虽劳累万分也到不了目的地；本不属你的东西而偏要占有，虽强夺也无法得到。聪明之人不做不该做的事情，廉洁的人不去追求不该有的东西，为的是远离危害而声名显著。所以君子要奉守廉洁而坚持为人之道，恪守清白以保全自己的名声。钱财再多不如讲求仁义，官职再高不如德高望重。

【作者简介】

武则天，见第30则。

第42则

以人为镜　可以明得失

【原文】

以铜为镜，可以正[1]衣冠；以古为镜，可以知兴替[2]；以人为镜，可以明得失。

——〔唐〕吴兢《贞观政要·任贤》

【注释】

①正：端正。
②兴替：国家兴衰更替。

【译文】

用铜做镜子，可以端正衣冠；用古史做镜子，可以知道国家兴衰更替的道理；用人做镜子，可以明白自己的得失。

按：这段话出自《旧唐书·魏征传》。当时，魏征病死，唐太宗很难过，他流着眼泪说了这段话，还说：“朕常保此三镜以防己过，今魏征殂逝，朕亡一镜矣！”

【作者简介】

吴兢（670—749），唐汴州浚仪（今河南开封）人。武周时入史馆，修国史。历官起居郎、谏议大夫兼修国史。著有《贞观政要》《中宗实录》《则天实录》等。

第43则
廉可以服人

【原文】

居官不言廉，廉盖居官者分内事。孰不知廉可以服人，然中无所主，则见利易动。其天资黩货[1]，窃取于公，受赂于民，略亡忌惮者，固不足论。若夫稍知忌惮者，则曰吾不窃取于公，受赂于民，足矣。

——〔北宋〕陈襄《州县提纲》卷一《洁己》

【注释】

①黩货：贪污纳贿。

【译文】

为官者不应当说廉洁，廉洁本来是为官的本分。没有人不知道廉洁可以让人信服，但是如果心中对此没有定见，就会在利益面前迷失自己，轻率采取行动。对于那些天生就喜好贪污纳贿的人来说，窃取公物，收受百姓的贿赂，做起来一点顾忌都没有，这些人不值得评论。对于那些稍知有所忌惮的人，就会说我不窃取国家财产，也不收受百姓贿赂，这就足够了。

【作者简介】

陈襄，见第34则。

第44则
其身正　不令而行

【原文】

先生曰："凡欲治人先须正己[①]。"孔子曰："其身正，不令而行；其身不正，虽令不从。"[②]

——〔北宋〕李元弼《作邑自箴》卷一《正己》

【注释】

①正己：端正自己的行为。
②其身正，不令而行；其身不正，虽令不从：语出《论语·子路篇》。

【译文】

先生说："为官者管理下属，其自身须端正。"孔子说："自身正了，即使不发布命令，老百姓也会去干；自身不正，即使发布命令，老百姓也不会服从。"

【作者简介】

李元弼，生卒年不详，北宋山西翼城人。政和七年（1117），作《作邑自箴》。

第45则
律己以廉

【原文】

律己以廉。凡名士大夫者，万分廉洁，止是小善，一点贪污，便为大恶。不廉之吏，如蒙不洁，虽有它美，莫能自赎[①]。故此以为四事[②]之首。

——〔南宋〕真德秀《西山政训》

【注释】

①自赎：自己弥补罪过。

②四事：除“律己以廉”外，其他三事为“抚民以仁”“存心以公”“莅事以勤”，此略。

【译文】

用廉洁来约束自己。凡是做士大夫的，即使非常廉洁，也只不过是小优点，而如果有一点点贪污行为，便是大过错。如果蒙受了不廉洁的名声，即使有其他的优点，也不能弥补自己的罪过，所以这一点在四件事中为第一事。

【作者简介】

真德秀，见第 36 则。

第46则
莅官之要在廉勤

【原文】

莅官之要，曰廉与勤，不特县令应尔也。然县有一州之体，而视民最亲，故廉、勤一毫或亏，其害于政也甚烈。且人孰不知廉吾分内事也，物交势迫①，浸②不自由。

——〔南宋〕胡太初《昼帘绪论·尽己》

【注释】

①物交势迫：意指事物交集，形势所迫。
②浸：渐渐。

【译文】

廉洁与勤勉，是为官从政的要诀，这不仅仅是对县令的要求。然而县有一州的格局，县令对老百姓来说是最亲近的人，如果治理政务有不廉洁、不勤勉之事，那么对政事的不良影响就很严重。廉洁本是从政者分内之事，这是无人不知、无人不晓的，但受事物交集、形势所迫，渐渐就身不由己了。

【作者简介】

胡太初，生卒年不详，字太初，南宋台州临海（今浙江临海）人。嘉熙二年（1238）进士。曾任建康府学教授、秘书郎、知全州。著有《昼帘绪论》。

第47则
守公廉之心

【原文】

普天率土，生人无穷也。然受国宠灵①，而为民司牧②者，能几何人？既受命以牧斯民③矣，而不能守公廉之心，是自不爱也，宁不为世所诮④耶！况一身之微，所享能几？厥心溪壑⑤，适以自贼⑥，一或罪及，上孤⑦国恩，中贻⑧亲辱，下使乡邻朋友蒙诟包羞。虽任累千金，不足以偿一夕缧绁⑨之苦。与其戚⑩于己败，曷若严于未然。嗟尔有官，所宜深戒。

——〔元〕张养浩《牧民忠告》卷上《拜命第一·戒贪》

【注释】

①宠灵：恩宠。

②司牧：官员。

③以牧斯民：来管理这些民众。

④诮：讥讽。

⑤厥心溪壑：意指他的欲望贪得无厌。

⑥自贼：残害自己。
⑦孤：辜负。
⑧贻：遗留。
⑨缧绁（léixiè）：拘系犯人的绳索。意指牢狱。
⑩戚：悲哀。

【译文】

普天之下四海之内，百姓无数。然而能够受到国家的信任当上地方官的又有几人？既然受命来治理百姓，却不能恪守公平廉洁，这是不自爱的表现，怎能不被世人所耻笑呢？何况以一人的微薄之躯，又能享受多少荣华富贵？心有如永远填不满的溪壑，贪婪是永远不能满足的，不加以控制，终将导致身败名裂。一旦犯罪，上则辜负了国家恩宠，中则给亲人带来耻辱，下则使乡邻朋友蒙诟包羞。虽在任时积聚千金资财，不足以补偿一夕牢狱的苦楚。与其在败露时悲戚，何不严于律己防患于未然？有官职的人们，这是应该深以为戒的。

【作者简介】

张养浩，见第8则。

第48则

律己当严　待人当恕

【原文】

同官有过，不致害政，宜为包容。大抵律己当严，待人当恕，必欲人人同己，天下必无是理也。

——〔元〕张养浩《牧民忠告》卷下

《事长第八·不可以律己之律律人》

【译文】

同僚如果有过错，但不至于损害政事，应该给予包容。一般来说，为官者应当严于律己，宽以待人，希望人人都像自己那样严格要求自己，天下一定没有这样的道理。

【作者简介】

张养浩，见第8则。

第49则
严以自律方能服众

【原文】

士而律身，固不可以不严也。然有官守者，则当严于士焉。有言责者，又当严于有官守者焉。盖执法之臣，将以纠奸绳恶，以肃中外，以正纪纲。自律不严，何以服众？夫所谓严，如处子之居室，一行一止，一语一默，必遵礼法，厥德乃全。跬步有违，则人人得而訾[①]之矣。苟挟权势，惟殖己私，或巧规子钱，或盗行盐铁，或荒耽曲糵[②]，或私用亲属，或田猎不时，或宴游无度，或潜托有司之事，或妄兴不急之工，或旷官第而弗居，或纵家人而不检。于斯数者而有一焉，皆足为风宪之累。

——〔元〕张养浩《风宪忠告·自律第一》

【注释】

①訾（zī）：非议。
②曲糵（niè）：酒曲。引申为酒色。

【译文】

士民约束自己，本来就不能不严加要求。但是，有职权的官员，应当比士民更加严格要求自己。而负责监察的官员又应当比一般官员更加严格要求自己。因为监察官员的职责就是查处和惩治腐败官员，以警示内外，整顿纪纲。如果自我的要求不严格，怎么能让其他人信服呢？所谓严格，要像未婚女子在家里一样，一言一行、一举一动都要遵守礼法，只有这样的品德才是完全合乎规范的。如果有半点违背道德规范的举动，人人都会加以议论指责。假使倚仗权势，只谋求私利，或巧立名目收受钱财，或私自经营盐、铁，或沉溺于酒色，或任人唯亲，或不依时令进行农耕、狩猎，或宴会游玩没有节制，或假公济私冒称办理公家的事，或无端大兴不紧要的土木工程，或旷废官宅而不住，或放任家人胡作非为而不加管教。以上所列劣迹，如果身犯其中一项，就足以败坏监察官员的风气。

【作者简介】

张养浩，见第 8 则。

第50则
律己公廉

【原文】

守官[1]只要律己公廉，执事[2]勤谨，昼夜孜孜，如临渊谷[3]，便自无他患害。才有依倚，便使人怠惰放肆，不知不觉错做了事也。

——〔明〕杨昱《牧鉴》卷一《治本》

【注释】

①守官：当官任职。

②执事：办事。

③渊谷：深渊峡谷。

【译文】

当官任职只要能严于律己，公正廉洁，办事勤勉严谨，日夜戒惕，如临渊谷，自然就不会有其他的祸患。只要觉得有所倚靠，马上就会使人松懈、懒惰，粗疏大胆起来，不知不觉间就会做错了事。

【作者简介】

杨昱，见第 39 则。

第51则

五善难全

【原文】

世固有廉者矣，其见不明，则为吏所蔽，虽廉何补？亦有廉而且明者矣，其心不仁，则自谓无取于民，不眩[①]于事，而深刻[②]严酷，又纵其下渔猎蹦轹[③]，略无恻隐[④]之意。或其心虽仁而短于剸裁[⑤]，徒有仁心而民不被泽[⑥]，仁而不能故也。或其才虽能而意之所向不无少偏，终亦不免于小疵，能而未公故也。全此五善难矣哉！

——〔明〕杨昱《牧鉴》卷一《治本》

【注释】

①眩：迷惑。

②深刻：严峻刻薄。

③蹦轹（lìnlì）：践踏辗压，指伤害。

④恻隐：同情。

⑤剸（tuán）裁：裁断、处理。剸，割断、截断。

⑥被泽：得到恩泽。

【译文】

世上原本有一些廉洁的官员，只是见识不精明通达，常被属吏所蒙蔽，即使廉洁，对政事又有什么补益呢？也有一些廉洁而且精明的官员，内心缺乏仁爱，自以为不搜刮百姓，办事也不糊涂，但是为人却极其刻薄严酷，还放纵属下迫害、掠夺百姓，一点同情心都没有。还有一些官员虽心地仁厚，却不擅长裁断处理政务，空有仁厚之心，百姓依然得不到好处，这是没有能力施展仁厚之心的缘故。又有一些官员，虽然很有能力，但办事时心意所向，常常有些偏差，始终不免有点小毛病，这是由于有能力却不够公正公平的缘故。“廉、明、仁、能、公”，这五善要全部做好，是一件很困难的事。

【作者简介】

杨昱，见第39则。

第52则
公生明　廉生威

【原文】

吏不畏吾严[1]，而畏吾廉；民不服吾能，而服吾公。廉，则吏不敢慢[2]；公，则民不敢欺。公生明，廉生威。

——〔明〕曹端《官箴》

【注释】

①严：严厉。
②慢：怠慢。

【译文】

官吏不敬畏我的严厉，而是敬畏我廉洁；百姓不是心服我的才能，而是心服我的公正。做官廉洁，那么小吏就不敢有所怠慢；处事公正，那么百姓就不敢有所欺骗。处事公正就能够明辨是非，做人廉洁就能够形成威力。

按：这段话出自明代曹端，明正德十六年（1521）无极知县郭允礼将该箴言刻碑，并置于县衙，引为自警。此碑现存河北省无极县勤廉文化中心。

【作者简介】

曹端，生卒年不详，明河南渑池人。永乐七年（1409）进士。曾官山西霍州学正。著有《训蒙要纂》《四书详说》《家规辑略》等。

第53则
忌小廉而大恶

【原文】

廉者常也，不廉者变也。今廉者见不廉者众也，负恃厥廉，亢[1]而骄，凌而铄，僭而越，威而虐，深文[2]以织之，重典以入之，酷捶以锻[3]之，反不廉者不若也。夫不廉者惮且戢[4]，多平释之。是故廉者刻，不廉者恕；恕者隆，刻者替[5]。今见廉不廉异报，相率怠于廉。盖天心好生[6]，小廉而大恶，偏害之也。

——〔明〕王文禄《廉矩·偏廉害治章第十六》

【注释】

①亢：高。

②深文：苛细的援引法律条文。

③锻：锻炼。意指罗织罪名。

④戢（jí）：收敛。

⑤替：废。

⑥好生：爱惜生灵。

【译文】

廉洁的官吏走的是正道，不廉洁的官吏走的是邪路。如今一些廉洁的官吏看见不廉洁的官吏人数众多，便依恃着他的廉洁，骄横傲慢，欺压良善，超越本分，肆行威虐，苛细地援引法律条文罗织罪名，再据重法把人打入监狱，残酷拷打逼出罪状，反而不如那些不廉洁的官吏。不廉洁的官吏因害怕而有所收敛，多能平和治事，放过百姓。因此廉洁的官吏刻薄，不廉洁的官吏宽容；宽容的人会升迁上去，刻薄的人会降职下来。当今官员只看见廉洁和不廉洁得到这样不同的下场，便都不再厉行廉政了。上天爱惜生灵，不喜欢滥杀无辜，这些人只做到了一点廉洁，却触犯大罪，这是偏于廉政而不及其余害了他们。

【作者简介】

王文禄（1503—1586），字世廉，明浙江海盐人。嘉靖十年（1531）举人。著有《王生艺草》《策枢》《书牍》等。

第54则
廉而后能治

【原文】

大臣不廉，无以率下，则小臣必污；小臣不廉，无以治民，则风俗必坏。层累[①]而下，诛求[②]勿已，害必加于百姓，而患仍中于邦家，欲冀太平之理，不可得矣！

——〔清〕王永吉《御定人臣儆心录·询利论》

【注释】

①层累：层层累积。
②诛求：强制征收。

【译文】

大臣不廉洁，就没什么为下属作表率，那么小臣必定贪污；小臣不廉洁，就没有什么治理民众，那么风俗习惯必然败坏。各级官员自上而下都无休止地掠夺财富，必然是百姓遭殃，进而影响使国家遭殃，想使天下达到太平盛世，是不可能的。

【作者简介】

王永吉，见第 13 则。

第55则
廉洁自律

【原文】

秩无论崇卑，事无论大小，职无论轻重，惟克既[1]厥心，始为有利于国之臣子。不然，縻禄素餐[2]，尸位溺职[3]，犹欲长保身名不即罪戾，其可得哉！

——〔清〕王永吉《御定人臣儆心录·旷官论》

【注释】

①克既：完全约束。

②縻（mí）禄素餐：耗费俸禄，不劳而食。

③尸位溺职：居其位而不尽力干事。

【译文】

官阶不论高低，事情不论大小，职位不论轻重，只有完全约束自己的思想、端正行为，才能成为有利于国家的官员。不然，耗费钱财，不劳而获，尸位素餐，还期望能长久地保住自己的名声地位而不犯罪，这难道可能吗？

【作者简介】

王永吉，见第 13 则。

第56则
酌水厉清不染指

【原文】

不清之害，不必贪墨[①]而后殃民也。贿赂初开，自谓偶一染指，似无大碍。孰知吏张其网，役[②]假其威，我所得者有限，而说合过付，已破其家矣。我所取者一回，而旁人中饱，不计次数矣。小民苟涉词讼，不空产业而不止，致父不能保其子，夫不能保其妻，翘首公门[③]，一腔血泪。推原其故，皆始于本官偶一染指。呜呼！古人酌水厉清[④]，岂非有见于此哉！

——〔清〕乌尔通阿《居官日省录》卷六

【注释】

①贪墨：指官员贪图财利。

②役：衙役。

③公门：官署，衙门。

④酌水厉清：典出《晋书·吴隐之传》，传文记载吴隐之饮贪泉之水而为官清廉之事。比喻磨砺节操，常用于对居官清廉者的赞语。

【译文】

不清廉的危害，不必是贪财好贿而后才会殃及百姓。贿赂初开，自以为偶尔一染指，似乎没什么大碍。孰知吏人张开贪网，衙役狐假虎威，我所得利有限，而中介人说合转手，已足以破人之家了。我所获取才一次，而旁人中饱私囊的次数，已不可胜计了。小民百姓如果涉及词讼案件，不卖光产业便不能终止，以致父亲不能保住儿子，丈夫不能保住妻子，翘首企盼公门，一腔血泪冤屈。推论其原因，都是始于本官偶尔染指贪利的缘故。呜呼！古人酌水以厉清，不受贪泉蛊惑，岂非是认识到偶尔染指之害了吗！

【作者简介】

乌尔通阿，生卒年不详。曾于道光末、咸丰初年任建昌府（今江西南城）司马。咸丰二年（1852），著《居官日省录》。

第57则
为官清廉　贵在平时

【原文】

州县最为亲民，服是官者不惟关系民生，我辈终身事业俱托[①]于此，故持身欲清[②]，事体欲练[③]，处事欲平。然非仓卒[④]可至，必平时以苍生名教为己任，躬率妻孥[⑤]，崇尚俭朴，则资于官者必少。凡事关吏治民生，一一留心则得之，闻见有素，随事反观变化气质，然后能清、能练、能平。若求之当官，晚矣。

——〔清〕陆陇其《莅政摘要》卷下《根柢》

【注释】

①托：依托。
②持身欲清：立身处世要清廉。
③事体欲练：办事应干练。
④仓卒：转瞬之间。
⑤妻孥：妻儿子女。

【译文】

州县官员与百姓最为亲近，做州县官员不仅关系到民生大计，我辈的终身事业都寄托在这里。因此，做官持身要清廉，办事要干练，处事要公平。然而，这些并非一时即可办到，一定要平时以关心民众疾苦、推行教化为己任，亲自带领妻儿崇尚简朴，那么需要依托官方的事情必定不多。凡有关国计民生的事情，一一留心就会知道怎么办理，听到的见到的就会越来越多，随时随事加以考察其发展变化，然后才可能做到清廉、干练、公平。如平时不加注意，乞求当官后再留心，那就为时已晚了。

【作者简介】

陆陇其（1630—1692），初名龙其，字稼书，学者称当湖先生，清浙江平湖人。康熙九年（1670）进士。曾官嘉定知县、灵寿知县、四川道监察御史等。著有《三鱼堂文集》《困勉录》《读书志疑》等。

第58则

居官首重维清

【原文】

居官首重维清，察吏莫严于守。故爵位虽有崇卑，究以不贪为宝；才具虽有长短，要必无欲则刚。是操守实立身之根基，而持廉用计吏之先务。家本富也，素封[①]之室，仕非为贫，固当慎取与于一介；家本贫也，淡泊之风，安之若素，尤懔暮夜于四知[②]。

——〔清〕尹会一《抚豫条教》卷一《饬戒贪婪》

【注释】

①素封：无官爵封位而拥有大量资财的人家。

②四知：天知、神知、我知、你知。语出《后汉书·杨震传》，原文为："（杨震）当之（东莱）郡，道经昌邑，故所举荆州茂才王密为昌邑令，谒见，至夜怀金十斤以遗震。震曰：'故人知君，君不知故人，何也？'密曰：'暮夜无知者。'震曰：'天知，神知，我知，子知。何谓无知！'密愧而出。"这就是"震畏四知"的故事。后多用为廉洁自持，不受非义馈赠的典故。

【译文】

为官者最看重的是清廉，考察官吏最严格的是操守。因此爵位虽然有高低之分，总是把不贪作为宝贵的品质；才能虽然有长短之别，必定是没有过分的欲望才能坚强不屈。如此看来，操守确实是立身的根基，坚持廉洁乃是首先考察官吏的一个方面。家境本来富裕，甚至称得上巨富，那么出仕为官并不是因为贫穷，对于获取点滴财产本来就应当审慎；家境本来贫穷，又已养成淡泊名利的作风，安之若素，尤其是要对暮夜拒金时“天知、神知、我知、你知”有所畏惧。

【作者简介】

尹会一（1691—1748），字元孚，号健余，清直隶博野（今河北博野）人。雍正二年（1724）进士。历官吏部主事、扬州知府、河南巡抚、江苏学政等。著有《诗文集》《小学纂注》等。

第59则
杜绝贪污

【原文】

国家澄叙[1]官方，首严墨吏[2]，微特身之辱也。祖父曾犯赃私[3]，子孙虽贵，不准封赠。子孙于封赠祖父后，干犯赃私，并追夺诰敕[4]。是下辱子孙，上辱祖父矣。人即不自爱，未有甘以墨败者。资用既绌，左右效忠之辈进献利策，多在可以无取可以取之间，意谓伤廉尚小，不妨姑试，利径一开，万难再窒[5]。情移势逼，欲罢不能。或被下人牵鼻，或受上官掣肘。卒之，利尽归人，害独归己，败以身徇，不败亦殃及子孙，皆由不节之一念基之。故欲为清白吏，必自节用始。

——〔清〕汪辉祖《学治臆说》卷下《不节必贪》

【注释】

①澄叙：清理整饬。

②墨吏：贪官污吏。由于墨是黑色的，所以用来比喻那些贪官污吏的心。

③赃私：指贪污受贿。

④诰敕：又作“诰勅”。指朝廷封官授爵的敕书。
⑤窒：阻止。

【译文】

国家清理整饬官员，首先惩治贪官污吏，这些贪官污吏不只是自身蒙受耻辱。祖父曾经贪污受贿，子孙即使显贵，也不准加官封爵。而子孙在祖父加官封爵后，犯了贪张枉法之罪，一并追回朝廷封授的敕书。在下辱及子孙，在上辱及祖父。人们即使不爱惜自己的名声，却没有心甘情愿因为贪污而结束仕途的。当开支困难时，身边一帮效忠自己的人都来进献谋利益的计策，大多属于可以要也可以不要的范围之内，认为并不会伤害到自己的廉洁，不妨去试一试。谋利的途径一旦打开，再想堵住它就非常困难了。这时候情况不同，又为形势所迫，已经是想停止这种恶行也不可能了。或者被下面的人牵着鼻子，或者受到上级官员留难牵制。最终，好处都为别人所有，而害处都被推到自己身上。事情败露的可能会遭受死刑，即使不败露也会给后人带来祸患，这都是从不节俭的一念之间开始的。所以，要做一个清白的官员，必须从节用开始。

【作者简介】

汪辉祖，见第 18 则。

第60则
务为清廉

【原文】

务为清廉仁爱之官，勿作苟且贪污之事。……时时警惕，刻刻隄防[①]，则不但现在之功名可保，将来之宝贵无穷，论其制品[②]，则君子之流，考其存心，又在仁人之列，何惧而不为？倘若阳奉阴违，希图鼠窃狗偷，品行心术[③]俱不足言，遗父母以危，为子孙之累。两者相较，孰得孰失，无俟高明者决之矣。

——〔清〕涂栋《牧令书》卷八《屏恶》

【注释】

①隄防：江河大堤。引申为防备。

②制品：准则，品行。

③心术：思想，心计。

【译文】

务必要当清廉仁爱的官，切勿滥做苟且贪污的事。……时时警惕，刻刻提防，则不但现在的官职可以保住，还能使将来的尊贵无穷无尽延续下去，评论他的品行，则属于君子之流，考察他的本心，又属于仁人之列，那么还怕什么而不这样做呢？如果阳奉阴违，企图鼠窃狗偷，品行心术不值得一提，而且还会给父母子孙留下危险和负累。两者相比，哪种是得，哪种是失，不用等什么高明的人来判断这一点。

【作者简介】

徐栋，见第20则。

严以律己故事一

羊续——悬鱼拒贿，劝归妻儿

中平三年（186），羊续被任命为南阳太守。当时，南阳是富庶之地，有很多有权势的富豪云集于此，他们崇尚奢华，竞相攀比。羊续对此十分厌恶，仍然保持着简朴的作风，在吃穿用度上都不求华丽，只求实用。

南阳的府丞为了讨好羊续，曾经给羊续送了一些鲜鱼，羊续碍于情面，也不好直接拒绝，便接受了，悬挂在院子里，并没有食用。府丞以为羊续接受了他的赠鱼，便又找机会给羊续送鱼。羊续就把上次府丞送的鱼拿出来，送还府丞，府丞一看便明白了，此后便再也不送了。这就是“悬鱼太守”的故事。

羊续的妻子带着儿子来南阳探望羊续，羊续却让他们回家，不要待在南阳。羊续的妻子十分不高兴，但看到羊续所有的财物只有一床布被，几件破旧的衣物，以及只够自己食用的盐和几斛麦子。羊续对儿子说：“我自己只能过这样的日子，我拿什么来养你们呢？”随后，羊续让他们母子回家了。

——参见〔南朝宋〕范晔《后汉书·羊续传》

【人物简介】

羊续（142—189），字兴祖，东汉兖州平阳（今山东泰安）人。历任庐江太守、南阳太守。中国历史上著名廉吏。

严以律己故事二

刘宠——心系百姓，一钱自警

刘宠任会稽太守的时候，清除了繁苛的政令，深受老百姓爱戴。因为他政绩卓著，朝廷将他调入中央任职。在他将要离开的时候，山阴（今属浙江绍兴）县有五六个须发皆白的老翁，从山区出来，每人拿着百钱，要送给刘宠。刘宠安慰他们说："各位长者何必这样呢？"老翁们回答说："山谷里的人没有见过郡守。别的太守在任时，派官吏到民间搜求财物，白天黑夜不断，有时狗叫通宵，百姓不得安宁。自从您到任以来，夜里听不见狗叫声，百姓看不到官吏。我们年老逢此太平盛世，现在听说您要离开我们而去，因此我们特意来奉送。"刘宠说："我的政绩哪里像您几位长者所说的那样好呢？你们辛苦了！"于是在各人的钱中挑了一枚大的接受了。

后来，人们称刘宠为"一钱太守"。

——参见〔南朝宋〕范晔《后汉书·刘宠传》

【人物简介】

刘宠，生卒年不详，字祖荣，东汉牟平（今山东烟台市牟平区）人。汉室宗亲。曾官豫章太守、会稽太守、大鸿胪卿、司空、司徒、太尉等。

严以律己故事三

于成龙——自甘清苦，清正廉洁

康熙二十年（1681），于成龙升任两江总督。于成龙到江南后，自己衣食住行很简陋，每天只吃糙米和蔬菜。在那里几个月后，推行政令教化，使江南民风大为改变。权势之家担心对自己不利，就编造出一些流言蜚语。康熙二十三年，于成龙死于任上。

于成龙自顺治十八年（1661）任广西罗城知县起，任官从未带过家属，他去世的时候，下属入内检点遗物，竹箱内只有一身丝绸棉袍，床头只有一些日常用具。百姓听到噩耗，为之罢市，聚在一起痛哭，家里绘制他的画像祭祀他。内阁学士锡住勘察海疆回到京城，康熙皇帝询问于成龙为官的情况，锡住回奏说他很清廉，只是因为轻信别人，有时候被下属欺骗。康熙皇帝说："于成龙在江南作总督，有人说他改变了朴素之风，等他死后，才知道他始终很廉洁，受到百姓称赞。大概因为秉性耿直，那些不肖之徒挟私以谗言陷害他，才编造出这样的话罢了。当官像于成龙一样的人，能有几个呀？"

——参见〔民国〕赵尔巽等《清史稿·于成龙传》

【人物简介】

于成龙（1617—1684），字北溟，号于山，清山西永宁（今山西方山）人。顺治十八年（1661），以副榜贡生授罗城知县。曾官福建按察使、直隶巡抚、两江总督等。执法决狱不留情面，被康熙皇帝称为“今时清官第一”。谥清端。著有《于清端政书》等。

谋事要实

为官谋事要重视调查研究，精思熟虑，不好高骛远，不脱离实际。本篇所选官箴，或提倡“贵在谋始”“事应预知”，或提倡“不泥古循旧”“以可行为行”，或提倡“深识远虑”“详审听察”，或提倡“审其土俗民情”“视俗以施教，察失而后立防”，对于官员谋事要实具有较强的借鉴和提示意义。

天理路上甚寬稍遊心胸中便覺廣大宏朗
人欲路上甚窄才寄跡眼前俱是荊棘泥塗
歲在乙未年夏月寫畫并記之

第61则
做事贵在谋始

【原文】

《象》曰：天与水违行，讼。君子以作事谋始。

——〔先秦〕《易·讼卦》

【译文】

《象》中称：天道西转，水流东注，二者相违而行，象征人与人争讼。因此，君子在做事的开始就全面谋划，以防止产生矛盾。

【作者简介】

作者不详。

第62则

谋事不泥古循旧

【原文】

苟利于人，不必法古；必害于事，不可循旧。

——〔北齐〕刘昼《新论·法术》

【译文】

如果做事有利于人，就不一定效法古人；如果必然对事情有害，则不可照过去的做法而行。

【作者简介】

刘昼（514—565），字孔昭，北齐渤海阜城（今河北阜城东）人。河清（562—565）初，举秀才，应试不第。著有《新论》。

第63则
谋事须慎密

【原文】

夫修身正行[①]，不可以不慎；谋虑机权，不可以不密。忧患生于所忽，祸害兴于细微。人臣不慎密[②]者，多有终身之悔。故言易泄者，召祸之媒也；事不慎者，取败之道也。明者视于无形，聪者[③]听于无声，谋者谋于未兆，慎者慎于未成。不困在于早虑，不穷在于早豫[④]。

——〔唐〕武则天《臣轨》卷下《慎密章》

【注释】

①正行：端正品行。
②慎密：谨慎，缜密。
③聪者：听觉灵敏的人。
④豫：预备，准备。

【译文】

修身养性，端正品行，不能不谨慎；谋划思考机密大事，不能不缜密。忧患产生于疏忽，灾祸起始于细节。一个人做事不慎重、缜密，大多会后悔终生。所以，说话容易泄露机密，是招致灾祸的媒介；做事不慎重，是导致失败的途径。眼睛明亮的人能看到无形之物，耳朵聪敏的人能听到无声之物，善于谋划的人在事情没有预兆时筹划，做事慎重的人在事情没发生之前就十分慎重。远离困窘就必须及早谋划，不想贫穷就必须趁早做准备。

【作者简介】

武则天，见第 30 则。

第64则
考之于法 揆之于心

【原文】

官司凡施设一事情，休戚系焉。必考之于法，揆[①]之于心，了无所疑，然后施行。有疑，必反复致思；思之不得，谋于同僚。否则，宁缓以处之，无为轻举，以贻后悔。

——〔北宋〕陈襄《州县提纲》卷一《疑事贵思》

【注释】

①揆（kuí）：推测，揣度。

【译文】

大凡官府安排实施一件事情，与百姓的生活息息相关，一定要从法律上加以考察，在心里揣摩筹划，做到没有一点儿疑问，然后再实施。

如果有疑问，必须反复思索；思考后还没有想出解决办法，就与同事们商量。否则，宁可慢慢地处置，也不要轻举妄动，免得留下悔恨。

【作者简介】

陈襄，见第34则。

第65则
难决之事须沉思静虑

【原文】

尝见前辈作州县，或狱官，每一公事难决者，必沉思静虑累日，忽然若有得者，则是非判矣。是道也，惟不苟者能之。

——〔北宋〕吕本中《官箴》

【译文】

曾经见过前辈做州县官或者是主持刑狱的官员，每次遇到难以决断的公事，必然是沉思静虑很多天，忽然若有所得，那么是非就已经可以判定了。这种处理问题的方式，只有一丝不苟的人才能做到。

【作者简介】

吕本中，见第7则。

第66则
事应预知

【原文】

比[①]入其境，民瘼[②]轻重，吏弊深浅，前官良否，强宗[③]有无，控诉之人多与寡，皆须尽心询访也。至则远居数舍[④]，召掌之者，语其详，疏其概，先得其情。下车之日，参考以断。若素无所备，卒然至部，听讼之际，百姓聚观，一语乖张，则必贻笑阖境。况民心易动，尤在厥初。初焉无以厌服[⑤]其心，后虽有为，亦将奚信？不然，受其讼而翼日[⑥]理之亦可。殆不宜轻率应答，使士民失望也。

——〔元〕张养浩《牧民忠告》卷上

《上任第二·事不预知难以应卒》

【注释】

①比：及，等到。

②民瘼：百姓疾苦。

③强宗：豪门大族，强悍的宗族。

④舍：三十里为一舍。

⑤厌服：心服。
⑥翼日：次日。翼，同“翌”。

【译文】

官员在进入任职之地前，对于百姓疾苦之轻重，吏治弊端之深浅，前任官员之贤否，境内有无强宗悍族，上诉之人多与少，都要尽心询查访问。到了治所，要先住在距离官府几十里的地方，召见熟悉情况之人，详细说明问题，梳理出事情大概，预先得到本地的实际情况。上任之后，参考以上情况进行决断。如果毫无准备，一下子来到官署听讼，百姓围观，一句话违背情理，必然给全境百姓留下笑柄。更何况民心容易变动，特别是在官员上任之初。开始没有使百姓心服，以后即使有所作为，又将怎么相信你呢？如果确无准备，次日再理也可。一定不要轻率做出应答，以使士人、百姓对你失望。

【作者简介】

张养浩，见第 8 则。

第67则
深识远虑　知其将然

【原文】

天下之事，知其已然不知其将然者，众人也。目其已然，而将然未然逆而知之，非深识远虑者不能。室已焚而徙薪，舟已溺而市壶，疾已成而求艾①，虽殚力为之，无及矣。今夫隆然之堤有容蚁之穴，宜若无所损，然周于识者必塞而实之，虑其久而必底②于讧溃③故也。天下之事皆能如是虑之，尚何后患之有哉！

——〔元〕张养浩《庙堂忠告·远虑第四》

【注释】

①艾：艾草，用以治病。

②底：至，到。

③讧溃：毁败。

【译文】

天下的事情，大多数人知道已经发生的情况，不知将要发生的情况。观察已经发生的，推知将要发生而未发生的，不经过深谋远虑是做不到的。房屋已经焚毁才搬走柴薪，船已倾覆才买壶舀水，疾病已发作才去寻找药物，即使竭尽全力补救，也无济于事。高大的堤坝已经有了可以容纳蚂蚁的小洞，似乎对大坝无所损伤。然而，见识周全的人一定会堵塞填实小洞。这是考虑到时间长了必然导致堤坝崩溃的缘故。天下的事情，都能像这样考虑，还会有什么后患呢！

【作者简介】

张养浩，见第 8 则。

第68则
行事当虑后患

【原文】

大臣行事，当远虑后来之患，虽小事不可启其端。

——〔明〕薛瑄《从政录》

【译文】

大臣做事，应当对将来可能产生的忧患作出长远考虑，虽然是小事，也不能开启祸端。

【作者简介】

薛瑄（1389—1464），字德温，号敬轩，明河津（今山西河津）人。曾官通议大夫、礼部左侍郎兼翰林院学士等。明代河东学派的创始人，世称“薛河东”。著有《薛瑄文集》《读书录》《从政名言》《策问》等。

第69则
兴利革弊要详察长虑

【原文】

兴利无太急，要左视右盼；革弊无太骤，要长虑却顾[①]。

——〔明〕吕坤《呻吟语》卷五《外篇·治道》

【注释】

①却顾：反复考虑。

【译文】

兴利不要太急躁，要左顾右盼，多做观察；革弊不要太突然，要长远打算，反复考虑。

【作者简介】

吕坤（1536—1618），字叔简，号心吾、新吾，自号抱独居士，明宁陵（今河南宁陵）人。官至山西巡抚，刑部左、右侍郎。著有《去伪斋文集》《呻吟语》《实政录》等。

第70则

为政以可行为行

【原文】

为政者非谓得行即行，以可行则行耳。有得行之势而昧可行之理，是位以济其恶也，君子谓之贼。

——〔明〕吕坤《呻吟语》卷五《外篇·治道》

【译文】

为官行政，不是以需要实行就加以推行，而是以可行才加以推行。具备能够推行的权位，而不知可行的道理，则是以其权位助其作恶。君子称之为贼。

【作者简介】

吕坤，见第69则。

第71则
为政宽严应视土俗民情

【原文】

为政者不审其土俗民情，即以宽以严，均无补于治道。古人寓严于宽，所以防其姑息；寓宽于严，所以警其残忍。故宽以治之而不失之滥，严以治之而不失之苛，盖得其知变之意也。

——〔明〕潘游龙《康济谱》卷二《才识》

【译文】

为官行政之人，不能详细考察当地的土俗民情，就施行宽松或严厉的政策，对治国之道都没有益处。古人将严厉暗含于宽松之中，是为了防止姑息纵容；将宽松暗含于严厉之中，是为了防止暴戾残忍。因此，宽松为政而不会漫无节制，严厉为政而不会过于严苛，才算是领会了通晓变化的真意。

【作者简介】

潘游龙，见第11则。

第72则
详审听察而后行

【原文】

夫治一郡一邑，封疆之广，生齿[1]之繁，耳目不能周知，下情无由上达。疑似之间，必当详审听察，待其的确，然后施行，庶[2]不误事。

——〔明〕汪天锡《官箴集要》卷下《听察详审》

【注释】

①生齿：人口，人民。
②庶：差不多。

【译文】

治理一郡一县，辖地广阔，人口繁多，耳听目见不能周遍，下情无法传达上来。事情处于似是而非之间，一定要仔细观察，周密分析，等事情确定无疑之后再加以实施，大概就不会耽误事情了。

【作者简介】

汪天锡，见第38则。

第73则
事必谋始

【原文】

事必谋始。莅事[①]之初，士民观听所系，廉污贤否所基，作事务须详审[②]，未可轻立新法，恐不宜人情，后难更改。持身务须点检清白，切不可轻与人交，恐一有濡染[③]，动遭钳制，不但贿赂可以污人而已。如好技艺，则星算医卜者投之；如好奇玩，则古书奇画者入之；如好花卉，则或以奇花异草中之。嗜好一偏，便投机穽[④]，虽诗文之交，亦有移情[⑤]败事者，不可不谨。

——〔清〕郑端《政学录》卷三《谨始》

【注释】

①莅事：视事，处理公务。
②详审：周详审慎。
③濡染：沾染，受熏陶。
④机穽（jǐng）：设有机关的捕兽陷阱。比喻险境或坑害人的圈套。穽，同“阱”。
⑤移情：变易情志。

【译文】

做事一定要从开始就认真谋划。为官理政之初，士人百姓都在观察、听闻，这也是分别廉与贪、贤与愚的基础，因此做事务必详细审慎，不可轻易树立新的法度，以防不合人情，以后难以更改。自身要保持检点清白，一定不能轻易与人交往，以防一有沾染，行动受制于人。不仅仅是贿赂可以玷污一个人，如果喜好技艺，那么就会有从事占星、医术、卜筮之人投其所好；如果爱好稀奇的古玩，那么有人就会将古书奇画送给他；如果爱好花卉，那么有人就会以奇花异草打动他。嗜好一旦偏离，就会掉入陷阱之中，即使是切磋诗文的交往，也有改变情操、败坏事情的，因此不能不谨慎从事。

【作者简介】

郑端（1639—1692），字司直，清直隶枣强（今河北枣强）人。顺治十六年（1659）进士。曾官江南巡抚、兵部侍郎、都察院右副都御史等。著有《日知堂文集》《政学录》《朱子学归》等。

第74则
为政以问察为首要

【原文】

为政以问察为第一要，此尧、舜治天下之妙法也。今人塞耳闭目，只凭独断，以为宁错勿问，恐蹈耳软[①]之病，大可笑。此不求本原耳。吾心果明，则择众论以取中，自无偏听之失。心一愚暗，即询岳牧[②]、刍荛[③]，尚不能自决，况独断乎？所谓独断者，先集谋之谓也。谋非集众不精，断非一己不决。

——〔清〕尹会一《吕语集粹》

【注释】

①耳软：容易听信他人之言。

②岳牧：传说中尧、舜时四岳十二牧的简称。四岳为四方诸侯之长，十二牧为十二州长官。后泛称封疆大吏。

③刍荛（ráo）：割草打柴。也指割草打柴的人。

【译文】

为官理政以多问明察为第一要务。这是尧、舜治理天下的高明之法。现在的人耳目闭塞，只凭借一人的判断，以为宁可错谬也不询问他人，担心那样会犯没有主见的错误，真是可笑。这是遇事不能追求事情本原的缘故。自己的内心如果明白，就会从各种议论中选取最合乎实际的意见，自然不会有偏听偏信的失误。心中一旦有愚昧和阴暗，即使询问封疆大吏和普通百姓，尚且不能自己决断，更何况一个人独断呢？所谓独断者，首先要集中各种谋略。谋略不集中众人的智慧就不会精当，决断不由自己则不会有结果。

【作者简介】

尹会一，见第 58 则。

第75则
视俗施教　察失立防

【原文】

凡莅事之始，不可自出意见以立科条[1]。虽尝有所受之，亦恐易地不便于俗也。苟人情有咈[2]而固行之，终必扞格[3]。如病其难行而中变，后有命令，人弗信矣。故初政莫若一仍旧贯，如行之宜焉，何必改作？或节目未便，熟察而徐更之。人徒见上下相安，而泯[4]不知其所自，不亦善乎？故君子视俗以施教，察失而后立防也。

——〔清〕陈宏谋《从政遗规》卷上《何西畴常言》

【注释】

①科条：法令条文。
②咈（fú）：违背。
③扞（hàn）格：抵触，格格不入。
④泯：全，尽。

【译文】

凡是为官理政之始，不可仅凭一己之见就设立法令规条。虽然这些法令规条曾经在一些地方实行过，也恐怕变易了地方而与当地风俗不合。假如违背人情而强行实施，最终必将是格格不入。如果由于难以推行而中途改变，以后再有命令，人们便不再信任了。因此，开始理政之时，不如一切照旧而行。如果运转顺利，何必要改变呢？或许个别条目不便推行，要详细观察而慢慢地变更。人们只见上下相安，而全不知其何以相安无事，不也很好吗？故而君子根据当地习俗以实施教化，详察失误然后采取预防措施。

【作者简介】

陈宏谋，见第 15 则。

第76则

临政须善思

【原文】

临政须善思。熟思则有得无失，不熟思则有得有失。《传》所谓“政如农功，日夜思之”[1]是也。

——〔清〕袁守定《图民录》卷一《临政须善思》

【注释】

①政如农功，日夜思之：语出《左传》鲁襄公二十五年。指政务如同农民种地一样，需要日日夜夜的上心思考。

【译文】

面对政务必须善于思考。周密思考就会有收获没有损失，不周密思考就会既有收获也有损失。这就是《左传》所说的“政务如同农民种地一样，需要日日夜夜的上心思考”。

【作者简介】

袁守定，见第16则。

第77则
立法求其可行

【原文】

立法先求[1]其可行。若不求其可行而冒昧行之，或格[2]于成例，或限于才力，或拂乎人情，戾[3]乎土俗，其法终归于不行，徒多一番搅扰耳。

——〔清〕方大湜《平平言》卷一《立法求其可行》

【注释】

①求：讲求。
②格：限制，制约。
③戾：背离，违反。

【译文】

树立法度应先讲求其可行。如果不讲求其可行而冒昧地实行，或者受成例所制，或者受能力所限，或者违背人情，或者背离当地风俗，其法度最终无法实行，白白增加一番搅扰。

【作者简介】

方大湜（1821—1886），字菊人，清湖南巴陵（今湖南岳阳）人。咸丰五年（1855）以诸生起家军旅，授广济（今湖北武穴）知县。累迁宜昌知府、直隶布政使、山西布政使等。著有《蚕桑提要》《农桑提要》《捕蝗纂要》等。

第78则
因民而利　不碍于公

【原文】

朝廷设官，凡所以为民。但能有益于民，不碍于公，则宽严、水火皆足以为仁。不能因民而利，则刑名弼教[①]适足以为病。若夫偏执己见，博务虚名，不以民事为事，不以民心为心，恐严刻与纵弛罪相等，好事较误事害更甚。

——〔清〕刚毅《居官镜·臣道》

【注释】

①弼教：辅助教化。

【译文】

朝廷设立官职，全是为了百姓。只要对百姓有益，不妨碍公事，那么无论是宽和严，无论是水和火，都可以作为仁政。不能依据百姓的需要而使他们得到利益，那么用刑罚辅助教化足以产生弊病。如果偏执己见，到处获取虚名，不把百姓的事当作自己的事情，不把百姓的想法当作自己的想法，恐怕严苛与宽纵的罪过是相等同的，好事比耽误事情危害更大。

【作者简介】

刚毅（1837—1900），他塔拉氏，字子良，满族镶黄旗人。历官江西按察使、山西巡抚、兵部尚书、军机大臣等。

第 79 则
救弊须穷致弊之由

【原文】

凡事规略未详悉固不率行，利害非相悬固不苟变。欲拯积弊，须穷致弊之由。时弊但理其时，法弊全革其法，而又揆新校旧，虑远图[1]难。若知弊之宜革而所作兼失其源，知简之可从而所操不得其要，则旧患未去，新沴[2]复滋，救跛成痿，辗转增剧。斯皆以弊易弊也。且好革而不原[3]终始，令下而诈起；难行而拂众意，法出而奸生。惟当视俗施教，察失立防，然后可以政调于时矣。

——〔清〕刚毅《居官镜·治道》

【注释】

① 图：考虑，计议。
② 沴（lì）：灾祸，灾害。
③ 原：推究，考察。

【译文】

凡事规划谋略尚未详细全面时一定不去轻率推行，利害还未悬殊时一定不随意改变。如果要拯救以往积弊，必须深究产生积弊的原因。如果是当世的弊病，只对这个时期加以治理；如果是法规产生弊端，就要将法规全部革除。这样又要根据新法来校正旧法，就要长远打算，考虑困难。如果知道弊端应该革去，而所作所为不能把握问题的根源，知道事情简单可以去做而不能把握其要领，那么旧患没有消除，新的灾祸又重新滋生，为了医治腿病反而使腿萎缩，问题辗转加剧。这些都是用一种弊端代替另一种弊端。而且，喜好革除弊端，而不能推究其终始，令下之后欺诈随之而起；法规难行而违背众人意愿，则法规出台奸诈随之出现。只有视当地习俗以实施教化，详察失误然后采取预防措施，才可以使政事与时世相协调。

【作者简介】

刚毅，见第 78 则。

第80则
忧公忘私以谋长远

【原文】

夫谋远似迂，人皆忽而憎之。盖因其无攻身之急，无旦夕之验故也。今之百官莅任，求其功也速，责其过也备，非养交[①]饰誉以待迁，即容身免过以待去，自非忧公忘私之人，大抵多怀苟且之计。既不肯为十年之规，况万世之虑乎？

——〔清〕刚毅《居官镜·治道》

【注释】

①养交：豢养私交以成朋党。

【译文】

谋划长远好像迂拙，人们都轻视而且厌恶它。这是因为它没有危害自身那么急迫，没有马上应验的缘故。现在的官员主政，讲求迅速建功，责备其过错也很严厉，不是结交朋党、谋取名声以等待升迁，就是保全自己免于出错以等待调离。这些并不是忧国忧民、公而忘私之人，大多数是怀有得过且过的想法。既已不肯做十年的谋划，更何况去做长久的思考呢？

【作者简介】

刚毅，见第 78 则。

谋事要实故事一

孙叔敖——顺应民情，为政以实

孙叔敖任楚国令尹（宰相）后，教化百姓，宽刑缓政，休养生息，楚国国力大增。当时，楚庄王认为楚国的货币重量太轻，于是下令把小钱改铸成大钱。结果，百姓们都感到很不方便，特别是商人们更是蒙受了巨大损失，很多人不再从事自己的职业，市场非常萧条。孙叔敖得知情况后，就去面见楚庄王，向他反映新钱已经导致市场混乱，百姓失业，请求恢复原来的币制。楚庄王答应了孙叔敖所请，结果很快市场又恢复到原来繁荣的局面。

楚国百姓喜欢乘坐底盘低矮的车子，楚庄王认为底盘太低不便于马拉，想要下令提升车盘高度。孙叔敖闻知后劝楚王说："命令数次而下，百姓不知所从，这样是不可以的。如果您一定要提升车盘高度，可以让民间的门槛提高。乘车的人都是有身份的君子，君子不会频繁地下车。"结果半年之后，百姓都自动地提高了车的底盘。

——参见〔西汉〕司马迁《史记·孙叔敖传》

【人物简介】

孙叔敖，生卒年代不详，蒍氏，名敖，一字艾猎，春秋时期楚国期思（今河南淮滨东南）人。楚庄王时任令尹，为政注重法治，任用贤能。

谋事要实故事二

崔郾——因俗而治，政贵知变

唐代人崔郾曾经在陕西为官。当时，他的为政风格以宽松为主，甚至出现了一个月里没有鞭笞过一个人的情形。后来，他出任鄂岳观察使。在鄂州，他一改在陕西的为政风格，实行严刑峻法，很少有人能够得到他的宽宥。有人对此感到不解，就询问前后宽严截然不同的缘故。崔郾说："陕西土地贫瘠，百姓穷苦，我尽力去安抚惟恐不及。而鄂州土地肥沃，民性彪悍，又夹杂着蛮夷的习俗，不用威猛之政，根本无法得到治理。这就是所谓的'政贵知变'"。

——参见〔明〕潘游龙《康济谱》卷二《才识》

【人物简介】

崔郾（768—836），字广略，唐贝州武城（今山东武城）人。贞元年间（785—805）进士。曾官谏议大夫、礼部侍郎、陕虢观察使、鄂岳观察使、浙西观察使等。

谋事要实故事三

滕元发——未雨绸缪，防灾备患

北宋时期，浙江人滕元发曾经担任郓州（治在今山东东平）知州。当时，淮南、京东一带发生饥荒。滕元发考虑到，这两个地方发生饥荒，饥民很可能将涌至郓州，这样就容易引发瘟疫等疾病。为此，他事先出城详细察看，找到了一片废旧营地，非常适合安置饥民，于是便召集人夫连夜行动，在一晚上的时间里，就用芦席、茅草搭建起临时房屋两千五百多间，水井、火灶、器具等也都全部备齐。后来，两地的饥民果然蜂拥而至。正是由于滕元发的事先预防之举，才使得五万多饥民得以存活下来。

——参见〔明〕杨昱《牧鉴》卷一〇《流移九》

【人物简介】

滕元发（1020—1090），初名甫，字元发，后改字为名，改字达道，北宋浙江东阳人。皇祐五年（1053）进士。曾官湖州通判、知制诰、知谏院、翰林学士等。后知真定府、太原府，治边有方，号称名帅。著有《孙威敏征南录》。

創業務實

"空谈误国，实干兴邦"。为官执政，应敢于担当责任，脚踏实地、真抓实干，勇于直面矛盾，善于解决问题，不断创造新的业绩。本篇所选官箴，或提倡"心诚尽职"，或提倡"兴利除害"，或提倡"志在必为"，或提倡"须有担当"，对鼓励各级官员不断创造百姓满意的实绩有很强教育意义。

創業
修身种德事業之本
德者事業之基
未有基不固而棟宇坚久者
歲在乙未年夏月

第81则
治事敢为固

【原文】

凡治事，敢为固[1]，谒[2]私图，画局[3]陈卑[4]以为耤[5]。肖人[6]聂[7]心，不敢徒语[8]恐见恶。

——〔秦〕《为吏之道》

【注释】

①固：结实，牢固，坚硬。引申为坚持正义。
②谒：通“遏”，制止。
③局：棋盘。
④卑（qí）：举。
⑤耤（jiè）：通“藉”，借助。
⑥肖人：宵人，小人。
⑦聂：通“慑”，畏惧。
⑧徒语：说空话。

【译文】

凡处理政事，敢于坚持正义，制止图谋私利，要取法弈棋，反复思考，谨慎从事。这样，小人就会畏惧，不敢胡言乱语以免惹人厌恶。

【作者简介】

作者不详。

第82则
当更化则更化

【原文】

孔子曰："腐朽之木不可雕也，粪土之墙不可圬也。"[①]今汉继秦之后，如朽木、粪墙矣，虽欲善治之，亡[②]可奈何。法出而奸生，令下而诈起，如以汤止沸，抱薪救火，愈甚，亡益也。窃譬之琴瑟不调[③]，甚者必解而更张[④]之，乃可鼓[⑤]也；为政而不行，甚者必变而更化[⑥]之，乃可理也。当更张而不更张，虽有良工不能善调也；当更化而不更化，虽有大贤不能善治也。故汉得天下以来，常欲善治，而至今不可善治者，失之于当更化而不更化也。古人有言曰："临渊羡鱼，不如退而结网。"[⑦]今临政而愿治七十余岁矣，不如退而更化；更化则可善治，善治则灾害日去，福禄日来。

——〔东汉〕班固《汉书·董仲舒传》

【注释】

①腐朽之木不可雕也，粪土之墙不可圬也：语出《论语·公冶长篇》。圬（wū），以泥饰墙。

②亡：古同“无”，没有。

③琴瑟不调：琴瑟合奏时，声音没有调整和谐。或比喻夫妻不和。

④更张：重新张设，即重新调整琴瑟上的弦，使声音和谐。比喻变更或变革。

⑤鼓：敲击或拍打使发出声音。

⑥更化：改变政令。

⑦临渊羡鱼，不如退而结网：语出《淮南子·说林训》，原文为：“临河而羡鱼，不如归家织网。”

【译文】

孔子说：“腐朽的木头不能雕饰，粪土垒成的墙不能粉饰。”现在汉朝继承秦朝之后，社会状况就像朽木、泥墙，虽然想治理好，却没有什么办法。法令一颁布，奸邪就接着发生，命令一下达，欺诈就跟着兴起，好像用热水去制止水沸，抱着柴草去救火，情况只能越来越严重，没有任何益处。我将其比作琴瑟声音不协调，严重的必须解下弦线重新安上，才可以弹奏；治理国家而政令施行不畅，严重的必须加以改革以至变更政令，才可以治理。应当改弦更张而不改弦更张，即使有技艺高超的乐工，也不能使琴瑟的声音变得和谐；应当改革而不改革，即使有道德才能都很出众的贤人，也不能使国家得到很好的治理。所以汉朝得天下以来，常想好好治理国家，可是到现在还没治理好，问题就在于应当改革而没有改革。古人说过这样的话：“站在水边想得到鱼，不如回家去编织渔网。”到今天，国家建立并希望治理好已经七十多年了，不如退一步推行改革，推行改革国家就能得到良好的治理，国家得到良好的治理，灾害就会一天天消除，福禄就会一天天到来。

【作者简介】

班固（32—92），字孟坚，东汉扶风安陵（今陕西咸阳东北）人。曾官兰台令史、校书郎等，还曾随行出击匈奴，任中护军、行中郎将事等。著有《汉书》《白虎通义》等，后人另辑有《班固集》。

第 83 则
事贵专勤

【原文】

今日自一命[①]以上，孰不知作邑[②]之难？既知其难，要当专心致志，朝夕以思，自邑事外，一毫不可经意，如声色饮燕[③]不急之务，宜一切屏去。盖人之精力有限，溺于声色燕饮，则精力必减，意气必昏，肢体必倦，虽欲勤于政而力不逮，故事必废弛，而吏得以乘间为欺。昔刘元明[④]政为天下第一，问其故，则不过曰："日食一升饭，不饮酒，为作县第一策。"[⑤]诚哉是言！

——〔北宋〕陈襄《州县提纲》卷一《专勤》

【注释】

①一命：指低微的官职。命，官阶，周代官阶自一命至九命。

②作邑：做县令。

③饮燕：同"燕饮"，聚会饮宴。燕，通"宴"。

④刘元明：南朝齐临淮（今江苏泗洪附近）人。曾官山阴（今属浙江绍兴）令。

⑤日食一升饭，不饮酒，为作县第一策：《南齐书·傅琰传》作“作县唯日食一升饭，而莫饮酒”。

【译文】

今天自最低级官员以上，谁不知道做县令的艰难？既然知道它的难处，就应当专心致志，早晚多加思虑，除了地方政事之外的其他事情，一丝一毫都不可留意，比如音乐、女色、饮酒、宴会之类不急迫的事务，应该全部除去。因为人的精力有限，沉溺于音乐、女色、饮酒、宴会之类活动之中，精力必然会衰减，意气必然会昏沉，身体必然会疲倦，虽想勤于政事，但精力不济，所以政事必定废弛，而胥吏得以趁机上下其手，大行欺诈之事。昔日刘元明为政天下第一，问他是什么原因，也不过是说：“每天吃一升饭，不喝酒，这是做县官的第一良策。”这句话说得太正确了！

【作者简介】

陈襄，见第34则。

第84则
有实必有名

【原文】

有实必有名，虚誉暴集，则毁言[1]随至矣。居官有欲沽虚誉而觊美职者，民本安静，必欲兴事改作以祈上官之知；奸猾当治，必欲曲法庇护以悦小人之意。以至修饰厨传[2]，厚赂过客，甚则为矫激不情之事。外欲钓君子之名，而内实市辈之不若。此心一起，则朝夕之所以经营扰扰者无非为名，其实亡一毫实利及下。非惟名不可得，且适足为识者之讥。岂知官职固自有分[3]，讵[4]可以沽名得？是是非非，久而自定，要当尽其在我，而民被实惠足矣。

——〔北宋〕陈襄《州县提纲》卷一《勿求虚誉》

【注释】

①毁言：诽谤之言。
②厨传：即驿站，古代供应过客食宿、车马停留的处所。传，驿舍。
③分：名位、职责、权利的限度。
④讵：岂，怎么。

【译文】

有实绩必然会有名声，虚名骤然聚集，诽谤的言论也就会随之而来。做官有想猎取虚名从而觊觎好官职的人，人民本来安静无事，却一定要兴造事端、改变旧规，以此希望上级官员知晓；奸诈狡猾的人应当加以惩治，却一定要枉法给予庇护，以此取悦小人的心意。以至于整修装饰驿站，重金贿赂过往的官员，甚至做出一些奇异偏激、违逆常情的事。对外想钓取君子的名声，而内心实际上连市井小人都不如。这样的心思一起，那么从早到晚之所以忙忙碌碌，无非是为了猎取虚名，给百姓带不来丝毫的实际利益。这样的人，不仅虚名得不到，还会被有识见的人士所讥笑。他们难道不知道官职升迁本来自有一套规矩，怎么可以通过沽名钓誉而获得呢？是是非非，时间久了自有定论，关键是自己应当尽职尽力，使人民能得到实惠就足够了。

【作者简介】

陈襄，见第 34 则。

第 85 则

心诚尽职

【原文】

当官者，前辈多不敢就上位求荐章[1]，但尽心职事，所以求知也。心诚尽职，求之虽不中，不远矣。未有学养子而后嫁者也。当官遇事，以此为心，鲜不济矣。

——〔宋〕吕本中《官箴》

【注释】

①荐章：推荐人才的奏章。

【译文】

当官的人，前辈们大多不敢求上级官员写荐章，只是尽心尽责做好本职工作，以此来求得知遇。心诚尽职，虽然没有求得知遇，可也距离得到知遇不远了。没有先学养育孩子然后再嫁人的女人。当官的人遇到事情，能够把这一点放在心上，很少有不成功的。

【译文】

吕本中，见第7则。

第 86 则

治官如治家

【原文】

治官如治家，古人尝有是训矣。盖一家之事，无缓急巨细，皆所当知；有所不知，则有所不治也。况牧民之长百责所丛，若庠序①，若传置，若仓廥②，若囹圄③，若沟洫，若桥障，凡所司者甚众也。相时度力，弊者葺之，污者洁之，堙④者疏之，缺者补之，旧所无有者经营之。若曰："彼之不修，何预我事，瞬夕代去，自苦奚为？"此念一萌，则庶务皆隳⑤矣。前辈谓："公家之务，一毫不尽其心，即为苟禄，获罪于天。"

——〔元〕张养浩《牧民忠告》卷上《上任第二·治官如治家》

【注释】

①庠（xiáng）序：古代的地方学校。

②廥（kuài）：存放草料的房舍。

③囹圄（líng yǔ）：同"囹圉"，监牢。

④堙（yīn）：堵塞。
⑤隳（huī）：毁坏，崩溃。

【译文】

治理政务如同治理家庭，古人曾有这样的训诫。一个家庭的事情，无论缓急巨细，都应当知道，有不知道的，就有治理不当的地方。况且治理百姓的官长，担负着众多责任，如学校，如驿站，如仓库，如监狱，如田间水利沟渠，如桥梁堤坝，主管的事务非常多。作为官长，相时度力，有损坏的加以修补，有污垢的加以清洁，有堵塞的加以疏通，有欠缺的加以补充，以前所没有的加以经营。如果说："那些事不加修治，和我有什么相干，我很快就会卸任他去，为什么要自讨苦吃？"这种念头一旦萌生，各项事务就都没有治理好的希望了。前辈人说："公家的事务，有一丝一毫没有尽其心力，就是苟且领取俸禄，会得罪上天。"

【作者简介】

张养浩，见第8则。

第87则
为政应身任其劳

【原文】

古之为政者，身任其劳，而贻百姓以安。今之为政者，身享其安，而贻百姓以劳。己劳则民逸，己逸则民劳，此必然之理也。惮一己之劳，而使阖境之民不靖[①]，仁人君子，其忍尔乎？昔子路[②]问政，而圣人告以“先之劳之”，“无倦”[③]。呜呼，此真万世为政之格言也欤！

——〔元〕张养浩《牧民忠告》卷上《宣化第五·先劳》

【注释】

①靖：安静，安宁。

②子路：即仲由（前542—前480），字子路，又字季路，春秋鲁国卞（今山东平邑）人。孔子弟子，以政事见称。

③先之劳之，无倦：语出《论语·子路篇》。先之劳之，指自己要给百姓带头，然后让他们勤快地劳作。无倦，永远不要懈怠。

【译文】

古代从政的人，自己不辞劳苦，而把安乐留给百姓。现在从政的人，自己享受安乐，而把劳苦留给百姓。自己劳苦人民就会安逸，自己安逸人民就会劳苦，这是必然的道理。惧怕自己一人劳苦，从而使全境的人民不得安宁，仁人君子，忍心这样做吗？昔日子路询问为政的道理，孔子告诉他说“先之劳之”，“无倦”。呜呼，这真是万世为政的格言啊！

【作者简介】

张养浩，见第 8 则。

第88则
敢负荷而后有为

【原文】

故事[①]：蝗生境内，必驰闻于上，少淹[②]顷刻，所坐[③]不轻。然长民者亦须相其小大多寡、为害轻重，若遽然以闻，莅其上者群集族赴，供张[④]征索[⑤]，一境骚然，其害反甚于蝗者。其或势微种稚，则当亟率众力以图之，不必因细虞以来大难于民也。故凡居官，必先敢于负荷，而后可以有为。

——〔元〕张养浩《牧民忠告》卷下《救荒第七·捕蝗》

【注释】

①故事：先例，旧例。
②淹：停留。
③坐：获罪。
④供张：同“供帐”，陈设供宴会用的帷帐、用具、饮食等。也指举行宴会。
⑤征索：征派勒索。

【译文】

按照旧例，辖境内如生了蝗虫，当地官长必须派快马迅速向上司报告，略微延误，就会获罪不轻。然而，当地官长也应该察看蝗虫的大小、多少、造成危害的轻重，如果匆忙报告，上级各方面的人员聚集在一起来考察灾情，当地官长要供设帷帐安排接待，还得向百姓征索各种物品，弄得全境扰攘不安，这种危害反而要超过蝗灾。如果蝗虫还不多、还比较小，地方官长就应该率领百姓全力消灭蝗虫，不必因为这种小的危害未加消灭而为百姓带来大的灾害。所以，当官的人一定要先勇敢地承担起责任，而后才可以有所作为。

【作者简介】

张养浩，见第8则。

第89则

兴利除害　惟民之便

【原文】

民害如暑，民利如风。尔[1]职如扇，尔除[2]尔兴[3]。无日勿蔽[4]，有风[5]勿扇。兴利除害，惟民之便。

——〔明〕吕坤《去伪斋集》卷七《官扇铭》

【注释】

①尔：你，你的。此处指官吏。

②除：去除。此处指去除弊端。

③兴：举办，发动。此处指兴办对人民有利的事情。

④无日勿蔽：没有太阳就不要做遮蔽（阳光）的事情。意指没有太阳，官吏就不要做让人民感觉黑暗的事情。

⑤有风：指对人民有利的事情。风，指民利，见前句“民利如风”。

【译文】

人民的祸害如同炎暑，人民的利益如同清风。官吏的职权如同祛暑的扇子，要去除弊端，兴办对人民有利的事情。没有太阳就不要再做遮蔽的事情，对人民有利的事情就不要加以损害。兴利除害，只要有便于人民，就要去做。

【作者简介】

吕坤，见第69则。

第90则
君子耻食浮于功

【原文】

古之居民上者，治一邑则任一邑之重，治一郡则任一郡之重，治天下则任天下之重，朝夕思虑其事，日夜经纪其务。一物失所，不遑[①]安席；一事失理，不遑安食。限于才者求尽吾心，限于势者求满吾分[②]，不愧于君之付托、民之仰望，然后食君之禄、享民之奉，泰然无所歉，反焉无所愧。否则是食浮于功也，君子耻之。

——〔明〕吕坤《呻吟语》卷二《内篇·修身》

【注释】

①不遑：没有时间，来不及。遑，闲暇。

②分：名位、职责、权利的限度。

【译文】

古代在百姓之上为官的人，治理一邑就要担负起治理好一邑的重任，治理一郡就要担负起治理好一郡的重任，治理天下就要担负起治理好天下的重任，从早到晚地思索如何进行治理，夜以继日地处理各种事务。一件物品没能安置好，就没有时间安稳睡觉；一件事情没能做好，就没有时间安心吃饭。限于自身才能的人力求尽最大的努力去做，限于环境形势的人力求尽量做好自己职责范围内的事，这样，才不会愧对皇帝的付托、百姓的期望，然后享受皇帝给予的福气、百姓给予的俸禄，就可以泰然处之而没什么歉疚，反过来哪怕没做好也没什么愧疚。如果不是这样，就是享受的俸禄超过了所取得功绩该得的回报，君子以此为耻。

【作者简介】

吕坤，见第 69 则。

第91则
治民鼓舞不倦

【原文】

天下之患，莫大于苟可以而止。养颓靡不复振之习，成极重不可反[①]之势，皆“苟可以”三字为之也。是以圣人之治身也勤励不息，其治民也鼓舞不倦，不以无事废常规，不以无害忽小失。非多事，非好劳也，诚知夫天下之事，廑[②]未然之忧者尚多或然之悔，怀太过之虑者犹贻不及之忧，兢慎始之图者不免怠终之患故耳。

——〔明〕吕坤《呻吟语》卷五《外篇·治道》

【注释】

①反：通“返”。

②廑（jǐn）：同“勤”，做事尽力。

【译文】

天下的祸患没有比说“苟可以”就停止再大的了。养成颓靡不再能振作的习气，形成积重难返的形势，都是因为“苟可以”三个字造成的。所以贤德的人修养自己的身心勤奋自勉不敢停歇，治理人民不断鼓舞自己不敢厌倦，不会因为没事废掉常规，也不会因为没有害处就忽视小的过失。这不是多事，也不是喜欢劳累，是真正认识到天下的事情，勤于考虑未必出现的祸患，尚且会出现很多因为意外发生而令人懊悔的事情；怀有非常过头的思虑，尚且会留下不及补救的忧患；一开始就小心谨慎地进行谋划，也不免在事情结束时还会出现怠惰的毛病。

【作者简介】

吕坤，见第 69 则。

第92则

设官本以我从民

【原文】

朝廷设官，本以我从民，非强民从我，故曰“从欲以治”①，又曰“同民心而出治道”②。惟是粮差不能出其逋负，奸暴不能从其横恣，本业不能从其惰慢，风俗不能从其薄恶，如斯而已。至于一切举动，须先谋及士夫，谋及闾阎③。必众谓当举，然后修举；必众谓当革，然后改图。又权利害之大小，念兴废之始终。若意虽爱民而不合人情，拂众以始祸；心实为善而不谙事势，妄动以扰民。或信堪舆祸福，辄兴不急土木，罔恤从事之劳；或因一二诡隐，便欲概④县清均⑤，又滋无穷之弊。诸如此类，不可殚述。

——〔明〕吕坤《实政录》卷六《风宪约·按察事宜·按察十吏》

【注释】

①从欲以治：语出《尚书·大禹谟》。指从心所欲而政以治。

②同民心而出治道：语出《礼记·乐记》。意为使民心同一而天下

大治。

③闾阎：原指古代里巷内外的门。后泛指平民百姓。

④概：原指量米粟时刮平斗斛用的木板。引申为刮平，不使过量。

⑤清均：清丈田亩，均平赋税和徭役。

【译文】

朝廷设官立职，本是为了让我依从人民的需要进行治理，而不是强迫人民来服从我，所以说“从心所欲而政以治”，又说“使民心同一而天下大治”。只是纳粮不能任百姓逃欠，奸恶横暴的人不能任其恣意横行，本身的职业不能任其懈怠涣散，风尚习俗不能任其不淳朴敦厚，就这样罢了。至于一切举动，一定要先与有识见的士人商量，再与平民百姓商量。一定是众人都说应该做的，然后再推行；一定是众人都说应该革除的，然后再改变计划。还要权衡所做事情的利害大小，考虑事情兴废从始至终的过程。如果本意虽是爱护百姓，但做事不合乎人情，就会违逆众人的意愿从而招致祸端；内心出发点是好的，但不了解事情的发展形势，就会贸然采取行动从而给百姓带来困扰。或者相信风水祸福等迷信的说法，动辄就大兴不必要的土木工程，不考虑百姓从事生产的劳苦；或者因一两个人奸猾隐匿土地，便在全县清丈土地、均平赋徭，又会滋生无穷的弊害。诸如此类的事情，不可详尽叙述。

【作者简介】

吕坤，见第69则。

第93则
宜崇实效

【原文】

凡为臣者，宜崇实效，不宜务虚名。务名者，其行必矫，其意必浮，苟取一时之声称，而其言与事之当否弗顾也。推原厥心，以为吾发之于言，举之于事，但可以见吾志、成吾名，足矣。至于必可见之施行，必可垂之永久者，则皆贻之君上，而彼不与。夫使人人尽怀好名之心，则国家之实事又将谁倚！为戚为休，不相关切，如“秦人视越人之肥瘠”①，漠然无所动其心，岂非不忠之大者哉！

——〔清〕王永吉《御定人臣儆心录·好名论》

【注释】

①秦人视越人之肥瘠：语出韩愈《韩昌黎文集》卷二《争臣论》，原文为：“视政之得失，若越人视秦人之肥瘠，忽焉不加喜戚于其心。”比喻相隔很远，彼此互不关心。

【译文】

凡是做臣子的，应该崇尚施政的实际效果，不应该追求虚名。追求虚名的人，他的行为必然矫饰，他的心意必然轻浮，只要取得一时的声誉称道，便不再顾及他的言论和行事是否妥当了。推本求原看他的内心，以为我发之于言，行之于事，只要可以展示我的志向，成就我的名声，就足够了。至于一定可以看到施行，一定可以流传永久，则都遗留给君主，而与他无关了。假使每一个人都怀有贪图虚名的心，则国家要办的实事又将依靠谁呢！百姓是悲哀是喜庆，不相关心，好像秦国人看越国人的肥瘦，冷冷淡淡毫不用心，这难道不是大大的不忠吗！

【作者简介】

王永吉，见第13则。

第94则
当官志在必为

【原文】

君子当官任职，不计难易，所计者是非耳。而志在必为，故动而成功。小人苟禄[1]营私，择己利便[2]，而多所避就[3]，故用必败事。趋利而利未必得，避害而害未必免，往往如此。

——〔清〕陈宏谋辑《从政遗规》卷上《何西畴常言》

【注释】

①苟禄：无功而受俸禄。

②利便：形势之便利。

③避就：语出《庄子·盗跖》，原文为："夫欲恶避就，固不待师，此人之性也。"指避祸就福。

【译文】

贤能的人当官做事，不会计较事情是困难还是容易，所计较的是是非。而是志在必为，所以一旦做事就一定会取得成功。小人当官，无功受禄却不时图谋私利，选择对自己有利的条件，常常避开会伤害到自己的事，而趋就能给自己带来好处的事，这样的人得到任用一定不会做成什么事情。趋就能带来好处的事情而好处未必得的到，避开会伤害到自己的事情而伤害未必能免去，事情往往如此。

【作者简介】

陈宏谋，见第15则。

第 95 则
地方兴革应担任

【原文】

地方利病，明知应兴应革，不肯出身担任，但卸后官，图便一时，罔计永久。算过。

集解：天下之枉[1]，未足以害理，而矫枉之枉尝深；天下之弊，未足以害事，而救弊之弊尝大。故处事当熟思审处，熟思则得其情，缓处则得其当。若明知应兴应革，而不肯担任，此又阘茸[2]无为者矣。故算过。

——〔清〕张鹏翮著、隋人鹏集解

《治镜录集解》卷下《过格四十六》

【注释】

①枉：弯曲。引申为行为不合正道。

②阘（tà）茸：庸碌低劣。阘，小户，引申为庸碌、卑下。

【译文】

地方上有益的事情和存在的弊病，明明知道应该兴办、应该革除，不肯出面担当起来，只是把它推卸给继任的官员，贪图一时便利，而不从长远考虑。算过错。

集解：天下的不公，不足以伤害公理，而矫正不公过头带来的不公曾经为患很深；天下的弊病，不足以妨害政事，而纠正弊病过头而造成的弊病曾经影响很大。所以处理事情应当深思熟虑，审慎处理。深思熟虑能知悉事情的具体情况，缓一缓慎重处理能处理得当。如果明明知道应该兴办、应该革除，而不肯担当起来，这又是驽钝没有作为的人。所以算过错。

【作者简介】

张鹏翮（1649—1725），字宽宇，又字运青，清四川遂宁人。康熙九年（1670）进士。曾官两江总督、河道总督、吏部尚书、武英殿大学士等。著有《圣谟全书》《奉使俄罗斯行程录》《河防志》等。

隋人鹏（1703—1738），字扶九，号芸阁，清山东莱西人。雍正五年（1727）进士。曾任四川学政、侍讲、河南按察使等。著有《华萼堂文集》《四书讲义》《豫省前烈考》等。

第96则

为官必为民出力

【原文】

人官一方，则受一方之寄，必为民出力，自强不已，而后不为民病。若好逸怀安，案牍冗塌[①]，则宅门以外守候而待命者不知凡几矣。张子韶[②]佥书镇军判官[③]，尝书壁曰：“此身苟一日之闲，百姓罹无涯之苦。”窃谓一刻偷安，百姓受一刻之累，何待一日也！

——〔清〕袁守定《图民录》卷一《勤》

【注释】

①冗塌：疲沓，松懈。

②张子韶：即张九成（1092—1159），字子韶，自号横浦居士，亦称无垢居士，南宋钱塘（今浙江杭州）人。绍兴二年（1132）状元。曾官著作郎、礼部侍郎等。著有《横浦文集》《横浦心传》《孟子传》等。

③佥书镇军判官：据《宋史·张九成传》，应为“佥书镇东军判官”。签书判官，或称“签判”，均为“签书节度判官厅公事”的简称，是

宋代各州府选派京官充当判官时的官职名，属州郡属官，掌诸案文移事务。镇东军，唐、五代方镇名，治所在今浙江绍兴，宋初废，但沿用原先名号设官。

【译文】

一个人为官一方，就受到一个地方人民的托付，一定要为人民出力，自强不已，这样才不会给人民带来苦难。如果贪图安逸，不思进取，案头文书堆积不办，那么守候在宅门外面等待继任命令的人就不知道有多少了。张子韶担任签书镇东军判官时，曾在墙壁上题写道："此身假如闲暇一日，百姓就会遭受无边的痛苦。"我认为，假如偷安一刻，那么百姓就会遭受一刻的拖累，哪里要等待一天呢！

【作者简介】

袁守定，见第16则。

第97则

勤在以渐以恒

【原文】

嗟乎！勤之为道难言矣。求治太急者，病在躁，疾行无善步，其势必蹶[①]，道贵行之以渐。一鼓作气者，病在锐[②]，强弩之末不能穿鲁缟[③]，其后难继，道贵守之以恒。渐则因时制事，条理无不合宜。恒则心定神完，久远可以勿倦。“靡不有初，鲜克有终”[④]，念之哉！

——〔清〕汪辉祖《学治臆说》卷下《勤在以渐以恒》

【注释】

①蹶：跌倒。

②锐：骤，急剧。

③强弩之末不能穿鲁缟：语出《三国志·诸葛亮传》。意指弩弓射出的箭到了射程之末，连细绢也穿不透。

④靡不有初，鲜克有终：语出《诗经·大雅·荡》。意为做事开始的人很多，但很少有人能坚持到结束。

【译文】

嗟乎！勤勉的道理很难说清楚啊。急于求治的官员，毛病在于性子急躁，就像人走得快就走不稳，时间久了必然会跌倒，所以勤勉的道理贵在循序渐进。一鼓作气的官员，毛病在于行动过猛，弩弓射出的箭到了射程之末连细绢也穿不透，难以为继，所以勤勉的道理贵在持之以恒。循序渐进，就会相机处理政事，就能做到事事都符合条理；持之以恒，就会心态平和，神清气爽，精力充沛，就能长久坚持而不倦。“靡不有初，鲜克有终”，要时刻牢记这句古话啊！

【作者简介】

汪辉祖，见第 18 则。

第98则
宜因时地为治

【原文】

有才有识，可善治矣。然才贵练达，识贵明通，遇有彼此殊尚、今昔异势者，尤须相时因地，筹其所宜。若自恃才识有余，独行其是，终亦不能为治。譬之医师用药，不知切脉加减，而专袭成方，则参耆[1]杀人，未始不与砒信[2]同祸。

——〔清〕汪辉祖《学治续说·宜因时地为治》

【注释】

①参耆：人参、黄芪。耆，即黄耆，又称黄芪。
②砒信：砒霜。

【译文】

一个人有才学、有见识，就可以治理有方了。但才干贵在干练通达，见识贵在通晓事理，遇到彼此习尚不一样、现在和过去形势不同的情况，尤其需要相度时机，根据各地不同的情况，筹划出适宜的办法。如果自恃才能、见识有余，独断专行，自以为是，最终肯定不能治理好。如同医生用药，如果不知道根据切脉情况加减药方的搭配，只是一味抄袭成方，那么即使是人参、黄芪等名贵的滋补药材也能置人于死地，这与砒霜造成的后果没什么不同。

【作者简介】

汪辉祖，见第18则。

第99则
应任兴革之事

【原文】

地方之兴利除害，操政权者不加之意，谁与任之？是故抚惠民生，拯恤民瘼，一时煦煦[1]之恩。其及有几，惟视其兴革之能设施，则留泽于地方者深矣。然为兴为革，固必熟察舆情，酌宜土俗，不可孟浪[2]自用，而蹈喜事纷更[3]之讥。是则且宜戒焉。

——〔清〕金庸斋《居官必览·兴革》

【注释】

①煦煦：温暖，和悦。
②孟浪：鲁莽，轻率。
③纷更：变乱更易。

【译文】

地方上兴利除害方面的事情，执掌政权的人不加以留心的话，还有谁能够负此责任？所以安抚施惠民生，拯恤人民疾苦，称得上一时暖暖的恩情。做到这一点需要时机，也就是要看能不能推行兴利除弊的措施，如果能够推行，那么给地方留下的恩泽是很深厚的。然而，要兴利除弊，一定要详察当地的情况，斟酌采用适宜当地习俗的措施，不能鲁莽行事，自以为是，从而受到人们说你好事折腾的讥讽。这是要深加警惕的。

【作者简介】

金庸斋，生平不详。曾于乾隆二十一年（1756）任广东惠州同知，兼署连平知州。

第 100 则
办大事须有担当

【原文】

办大事须有担当，须将功名置于度外。若无担当，必至误事。若不将功名置于度外，必不肯担当，必不敢担当。

——〔清〕方大湜《平平言》卷一《担当》

【译文】

办大事必须敢于承担责任，必须将功名置之度外。如果不敢承担责任，必然耽误事情。如果不将功名置之度外，必然不肯承担责任，也必然不敢承担责任。

【作者简介】

方大湜，见第 77 则。

创业要实故事一

王猛——兴利除弊，志在必为

前秦寿光三年（357），苻坚夺得前秦帝位，任命王猛为中书侍郎，职掌军国机密。因始平（今陕西兴平）住着很多氐族贵戚旧臣，他们横行不法，很难治理，苻坚改派王猛担任始平县令。王猛到任后，明法严刑，禁暴锄奸。有个作恶多端的官员，王猛当众把他鞭死。这个官员的同党起哄上告，上司逮捕了王猛，将他押送到长安。苻坚亲自责问王猛说："为政之体，德化为先。你到任不久就杀掉那么多人，多么残酷啊！"王猛平静地回答说："臣闻宰宁国以礼，治乱邦以法。陛下不以臣为无能，让我担任难治之地的长官，我一心要为明君铲除凶暴奸猾之徒。才杀掉一个奸贼，还有成千上万的家伙尚未伏法。如果陛下因我不能除尽残暴而惩罚我，我无话可说。但就现在的情况来说，加给我'酷政'的罪名来惩罚我，我实在不敢接受。"苻坚听罢，赞叹说："王猛真是管仲、子产一类人物呀！"于是赦免了他。

前秦永兴三年（359），王猛升任侍中、中书令，兼京兆尹。王猛先是将骄纵蛮横的皇太后弟弟强德处死，紧接着，又与御史中丞邓羌合作，在很短的时间里，将20多名为非作歹的王公、贵戚处死、定罪或免官。没过多久，前秦就出现了"百僚震肃，豪右屏气，路不拾遗"的状况。苻坚感叹道："我今天才知道天下是有法的，天子是尊贵的！"

——参见〔唐〕房玄龄等《晋书·王猛传》

【人物简介】

王猛（325—375），字景略，十六国时期北海剧县（今山东寿光南）人。辅佐前秦皇帝苻坚，官至丞相，被后世誉为“关中良相”。谥武侯。

创业要实故事二

王安石——不畏谗讥，力行变法

宋仁宗嘉祐四年（1059），三司度支判官（财政方面高级官员）王安石进献了著名的《上仁宗皇帝言事书》。言事书长达万言，提出国家法度非大加改革不可，而改革需要先行整顿吏治，并进而提出一套完整的政治改革方案。因多种因素影响，言事书没有得到宋仁宗和执政大臣的注意。

熙宁元年（1068），20岁的宋神宗与担任翰林学士的王安石多次畅论治国之道，对他的变革主张非常赞赏，君臣二人亲如朋友，开始了历史上一段有名的“得君行道”的时期。熙宁二年，王安石升任参知政事（副宰相），主持变法，陆续推行农田水利、青苗、均输、保甲、免役（募役）、市易、保马、方田等新法，史称“王安石变法”。熙宁三年，王安石又升任同中书门下平章事（宰相），全面主持朝政。当时，北宋朝廷上下盛行着一种传说，说是王安石在宋神宗面前提出了“天变不足畏，祖宗不足法，人言不足恤”之说。史无明载此说出于王安石之口，宋神宗曾当面询问，王安石也回答没有听说过。但王安石深感此说符合变法宗旨，于是大加宣扬，“三不足”说遂成为变法的精神支柱和战斗口号，在推行新法过程中起了很大的作用。

——参见〔元〕脱脱等《宋史·王安石传》

【人物简介】

王安石（1021—1086），字介甫，号半山，北宋抚州临川（今属江西）人。庆历二年（1042）进士。曾任提点江东刑狱、三司度支判官、翰林学士兼侍讲等，官至同中书门下平章事、尚书左仆射。任相期间，推行变法，史称“王安石变法”。封荆国公，谥文。著有《王文公文集》，后人辑有《周官新义》《诗义钩沉》等。

创业要实故事三

曾国藩——勇担时任，渐图自强

咸丰元年（1851），太平天国农民起义爆发。任吏部侍郎的曾国藩深感焦虑，连上几道奏章，指陈时弊，倡导进行改革，但都没有引起重视。同年，曾国藩向咸丰皇帝上了《敬陈圣德三端预防流弊疏》，锋芒直指咸丰皇帝，批评咸丰皇帝苛于小节，疏于大计，助长了朝廷上下的“琐碎”之风；崇尚虚文，不求实际，助长了朝廷上下的“文饰”之风；刚愎自用，自食其言，助长了朝廷上下的“骄矜”之风。咸丰皇帝读后大为震怒，把奏折摔在地上。后经其他大臣一再疏解，曾国藩才免于获罪。

曾国藩认为只有“自强”“求富”，才能使清王朝摆脱岌岌可危的处境。咸丰十一年（1861），时任两江总督的曾国藩在安庆创办军械所，开始制造枪炮。这是中国最早生产近代武器的工厂。同治三年（1864），湘军攻下天京后，曾国藩将安庆军械所迁到天京，改名为金陵机器制造局。次年，曾国藩托人从美国购买机器，并将金陵机器制造局迁到上海，将其与李鸿章在上海设立的炮局等合并，建成江南制造总局。这是洋务运动中建立的规模最大的近代军事企业，在它的带动影响下，军事工业在各地不断兴起。

——参见〔民国〕赵尔巽等《清史稿·曾国藩传》

【人物简介】

曾国藩（1811—1872），初名子城，字伯涵，号涤生，清湖南湘乡白杨坪（今属湖南双峰）人。道光十八年（1838）进士。后编练湘军，与太平军作战。曾官两江总督、直隶总督。倡导洋务运动，谋求国家自强之道。谥文正。遗著辑为《曾文正公全集》。

做人要实

为官一任，造福一方。志在立功立德的好官，要有为国为民的济世情怀，与民同甘共苦，务实为民办事，公道处理众事，心底无私、襟怀坦白、知行合一。本篇所选官箴，或提倡“治官莫若平”“非诚信无以取亲于百姓”，或提倡“抱公绝私”“持公去私”，或提倡“勤政亲民”“秉法爱民”，为官做人，当知而鉴之，信而持之。

第101则
廉平之守不可改

【原文】

吾闻之：知为吏者，奉法以利民；不知为吏者，枉法以侵民。此怨之所由也。治官莫若平，临财莫如廉。廉平之守，不可改也。匿人之善，斯谓蔽贤；扬人之恶，斯为小人。内不相训而外相谤，非亲睦也。言人之善，若己有之，言人之恶，若己受之。故君子无所不慎焉。

——《孔子家语·辨政》

【译文】

我听说：善于做官的，遵循法令办事，使百姓得到好处；不善于做官的，歪曲法令办事，使百姓受到损害。这是怨恨产生的根源啊。整顿官风，没有什么比公平更好的；面对财货，没有什么比廉洁更好的。清廉和公平的操守，怎么也不能变易啊。掩盖别人的长处，这就是埋没人才；宣扬别人的短处，这就是小人。不是在内部互相规劝，而是在外面互相诽谤，便不可能亲近和睦地相处。说人家的长处，就好像自己具有的长处一样；说人家的短处，就好像自己受到别人的攻击一样。所以有道德修养的人，无处不戒慎恐惧啊。

【作者简介】

作者不详。

第102则
善积名显　德章身尊

【原文】

《诗》云："惟此文王，小心翼翼。"[①]故尧兢兢[②]日行其道，而舜业业[③]日致其孝，善积而名显，德章[④]而身尊，此其寖[⑤]明寖昌之道也。积善在身，犹长日加益[⑥]，而人不知也；积恶在身，犹火之销膏[⑦]，而人不见也。非明乎情性、察乎流俗者，孰能知之？此唐、虞[⑧]之所以得令名，而桀、纣之可为悼惧者也。

——〔东汉〕班固《汉书·董仲舒传》

【注释】

①惟此文王，小心翼翼：语出《诗经·大雅·大明》。文王，即周文王姬昌。翼翼，恭肃的样子。

②兢兢：小心谨慎的样子。

③业业：危惧的样子。

④章：显。

⑤寖（qīn）：逐渐。

⑥长（zhǎng）日加益：指人的身体每日悄悄生长。
⑦销膏：指灯烛燃烧时耗费油膏。
⑧唐、虞：古史言陶唐氏与有虞氏，即尧、舜，以其封地代称。

【译文】

《诗经》上说："惟此文王，小心翼翼。"所以尧战战兢兢地每天施行他的治国之道，舜小心危惧地每天尽他的孝道，做的好事积累多了，自然名声显达，德行彰著，自身也受人尊重，这就是渐渐光大渐渐昌盛的道理。一个人连续不断做好事，好像一个人每天悄悄生长，而人们不易知觉；连续不断做坏事，好像火的消耗灯油，而人们不易发现。不是明晓情性、洞察世俗情况的人，谁能够懂得这种道理呢？这就是唐尧、虞舜得到美名，夏桀、商纣却使人恐惧的原因。

【作者简介】

班固，见第 82 则。

第 103 则

明察公平清廉可以理人

【原文】

在官惟明[①]，莅事惟平[②]，立身惟清[③]。清则无欲，平则不曲[④]，明能正俗。三者备矣，然后可以理[⑤]人。君子尽其忠能，以行其政令，而不理者，未之闻也。

——〔东汉〕马融《忠经·守宰章》

【注释】

①明：明察。

②平：公平，平等。

③清：清廉。

④曲：委曲求全。

⑤理：治理，管理。

【译文】

为官者要明察事理，处理政务要公平，为人处世要清廉。清廉就不会有私欲，公平就不会委曲己意奉承上级，明察就能端正风俗。这三方面都具备了，然后就可以去治理所管辖的百姓了。一个人具备了这三种品质，并且尽心尽力去做，努力推行政策法令，没听说不能管理好百姓的。

【作者简介】

马融（79—166），字季长，东汉扶风茂陵（今陕西兴平东北）人。少有俊才，博通经籍，历任校书郎中、南郡太守。注有《孝经》等。明人辑有《马季长集》。

第104则
唯诚信以亲百姓

【原文】

凡人之情，莫不爱于诚信。诚信者，即其心易知。故孔子曰：“为上易事，为下易知。”[①]非诚信无以取爱于其君，非诚信无以取亲于百姓。故上下通诚者，则暗相信而不疑；其诚不通者，则近怀疑而不信。

——〔唐〕武则天《臣轨》卷下《诚信章》

【注释】

①为上易事，为下易知：语出《礼记·缁衣》。指君主有诚信，臣下就容易办事；臣下有诚信，君主就容易了解。

【译文】

人之常情喜欢诚实守信。诚实守信的人，他的内心就容易被人了解。所以孔子说：“君主有诚信，臣下就容易办事；臣下有诚信，君主就容易了解。”不诚实守信就无法得到君主的欣赏，不诚实守信就无法亲近百姓。所以上下诚意相通，就彼此默默信任而不会相互猜疑；上下诚意互不相通，即使距离很近也互不信任。

【作者简介】

武则天，见第30则。

第105则

务公正者有所恶

【原文】

夫尚德行者，必恶凶险之类；务公正者，必无邪佞之朋；保廉节者，必憎贪冒之党；有信义者，必疾苟且之徒。

——〔唐〕陈子昂《陈子昂集》卷八《明必得贤科》

【译文】

崇尚德行的人，必定厌恶凶狠危险的人；做事公正的人，必定没有不正派、善用巧言献媚的朋友；保持廉洁的人，必定憎恶贪图财利的朋党；讲究信义的人，必定痛恨马虎草率的人。

【作者简介】

陈子昂（661—702），字伯玉，唐梓州射洪（今四川射洪）人。开耀二年（682）进士。上《大周革命颂》，为武则天赏识，授麟台正字。后迁右拾遗。存诗一百多首，为初唐诗文革新人物之一。1960年中华书局出版有《陈子昂集》。

第106则

抱公绝私　是为率职

【原文】

厥初生民，罔有纪极[①]。群居离处，斗智竞力。乃建官司，分其曲直。所以衡鉴[②]，所以纠缪[③]。

抱公绝私，是为率职。惟柔[④]惟佞，腹心之病；惟端惟方，政化之纲。勿畏于势，受人之制；挠法用情，为害不细。勿黩于贿，移人之罪；鬻狱奉身，其祸可待。无徇威名，以作烦刑。尝闻严母，扫墓而迎[⑤]。无贪宽恕，以售虚誉。又闻晋官，秕政[⑥]者去。张汤[⑦]轻重其心，汉刑已淫；州犁[⑧]上下其手，楚邦之丑。

是以罪无异罚，左史所旌。义不隐亲，叔向[⑨]之明。尺概绳直[⑩]，珪方砥平。如止水[⑪]斯鉴，不牵于情。不侮惸[⑫]独，无惧高明[⑬]。其守不更，乃国之经[⑭]。敢告君子，参之座铭。

——〔北宋〕余靖《武溪集》卷一八《从政六箴》

【注释】

①纪极：终极，限度。

②衡鉴：同“衡镜”，宋人避宋太祖祖赵敬讳，改“镜”为“鉴”。衡可以量轻重，镜可以照美丑。指辨别是非善恶的尺度。

③纠纆（mò）：绳索。纠为两合绳，纆为三合绳。这里指对罪犯系以绳索。

④柔：温顺，柔顺奉承。

⑤扫墓而迎：语出《汉书·严延年传》，指待人死入葬。严延年为西汉酷吏，任河南太守时，其母从家乡来探望，正好碰上他判决囚犯。其母大惊，对严延年说：“我没想到老来看见壮年被刑戮。回家了。离开你东归，回去扫除墓地。”意为严延年会有恶报，回去扫除墓地等待埋葬他。后来，过了一年多，严延年果败。后以“扫墓而迎”喻必当有恶报，指日可待。

⑥秕政：不善之政。

⑦张汤（？—前115）：西汉杜陵（今陕西西安东南）人，汉武帝时拜太中大夫、廷尉、御史大夫等，治狱严峻。

⑧州犁：即伯州犁（？—前541），本晋国人，后奔楚为楚国大夫。楚国攻打郑国，楚大夫穿封戌俘虏了郑将皇颉。楚康王弟公子围欲抢皇颉作为自己的战功，与穿封戌争执起来，众人难以决断。楚康王让伯州犁断其是非。伯州犁说：“战俘是郑国有身份的人，他知道是谁俘虏了他。”于是让皇颉立于庭中，让公子围和穿封戌立于皇颉对面。伯州犁抬手向上介绍说：“这位是公子围，楚国国君的弟弟。”然后又放手向下介绍说：“此人为穿封戌，乃方城（春秋时楚国北部的长城）外的县尹。到底是谁擒获了你？”皇颉见状，遂回答说他是被公子围擒获的。后以“上下其手”比喻玩弄手法，串通作弊。

⑨叔向：生卒年不详，姬姓，羊舌氏，名肸，字叔向，又字叔誉，因被封于杨（今山西洪洞），以邑为氏，别为杨氏，又称叔肸、杨肸，春秋时期晋国政治家。出身晋国公族，历事晋悼公、平公、昭公三世，为晋平公傅、上大夫，以正直和才识见称于时。叔向的弟弟叔鱼生前

曾贪赃枉法，叔向不偏袒庇护，建议晋相韩宣子为明刑法，对已死的叔鱼挖坟开棺，将尸体枭首示众。

⑩尺概绳直：像量东西的尺子一样平正，像木匠测量直线的墨绳一样直。概，原指量米粟时刮平斗斛用的木板，引申为刮平、不使过量。绳，木工用于测定直线的墨线。

⑪止水：不流动的水。

⑫惸（qióng）：同“茕”，无兄弟曰惸。

⑬高明：指富贵的人。

⑭经：常道，指常行的义理、法制、原则等。

【译文】

起初的人们，做事没有界限，群居杂处，比赛谁有智谋谁有力量。于是才建立百官，分辨他们的曲直。用这个来判断是非曲直，用这个来惩处犯罪的人。

一心为公，不徇私情，这才是官员奉行职事应有的品德。阿谀奉承、花言巧语的谄媚，是腹心之病；正直、方正，是政化之纲。不要害怕权势，受人挟制；徇私枉法，为害不小。不要贪图贿赂，就不根据事实，从重或从轻判罪，用卖狱来奉养自身，那大祸马上就来了。不要追求树立自己的威名，便搞烦琐苛刻的刑罚。曾经听说严延年的贤母，准备好墓地来迎接他。不要贪图宽恕的名声，去沽名钓誉。又听说春秋时期的晋国，搞不善之政的人要被免去官职。张汤随意从轻或从重处置犯人，已经使得汉朝的法律超过常度。伯州犁上扬手下摆手，进行诱供，那是楚国的丑事。

因此，同样的罪没有不同的处罚，《左传》曾经表扬。坚持大义，不隐瞒自己弟弟的罪行，表明了叔向的明智。应该像量东西的尺子一样平正，像木匠测量直线的墨绳一样直，像珪那样方正，像磨刀石一样平。应该像不流动的水照物一样，不受感情的干扰。不要欺侮独生子和没有子孙的人，不要害怕有权有势的人家。操守不因外界的情况而改变，这才是国家的常道。请把这些告诉君子，参考它，写进自己的座右铭。

按：余靖从政期间撰写《从政六箴》，总结出“清”“公”“勤”“明”“和”“慎”六字为官原则。此为其中之《公箴》。

【作者简介】

余靖（1000—1064），原名希古，字安道，号武溪，北宋韶州曲江（今广东韶关市曲江区）人。天圣间（1023—1032）进士。历任秘书丞、集贤校理、知制诰等。著有《武溪集》。

第107则
当官处事　但务着实

【原文】

当官大要，直不犯祸，和不害义，在人精详斟酌之尔，然求合于道理，本非私心专为己也。

当官处事，但务着实。如涂擦文书，追改日月，重易押字，万一败露，得罪反重，亦非所以养诚心事君不欺之道也。百种奸伪，不如一实；反覆变诈，不如慎始；防人疑众，不如自慎；智数周密，不如省事，不易之道。

——〔宋〕吕本中《官箴》

【译文】

做官的要领，正直而不招致灾祸，谦和而不伤害礼义，全在人们仔细斟酌它，做事追求合乎道理，而不是出于私心专为自己着想。

当官做事，应当致力于实处。像涂改文书，往回更改日期，重新变更画押之类事情，万一败露，罪行反而加重，也不是持心忠诚不欺瞒君主的为官之道。各种奸诈虚伪，不如一个“实”字；反复多变诡诈，不如从一开始就小心谨慎；防范怀疑别人，不如自己谨慎；智谋周密，不如简省事情，这是不可改变的道理。

【作者简介】

吕本中，见第7则。

第108则
早正其微　远嫌辨迹

【原文】

我未尝私且怠也，而人或以是而疑我，是必有不公不勤之迹有以召人之疑；我未尝贪且滥也，而人或以是疑我，是必有不廉不正之迹有以召人之疑。一事可疑，将无事而不疑之矣；一日可疑，将无日而不疑之矣。蒙①是疑也，我知之尚不可辨，况人未必肯以是告我，而人之疑我已自籍籍②，积而传之道路，达之台府，厥害岂浅鲜哉？故君子于嫌疑是非之间，最当早正其微而力远其迹也。……若曰我此心平正，无愧俯仰足矣，奚必③规规④然远嫌辨迹，求以示人哉？殆恐将来或有悔，尤必自嫌之不远⑤、迹之不辨⑥始，虽噬脐无及⑦矣。

——〔宋〕胡太初《昼帘绪论·远嫌》

【注释】

①蒙：遭受。
②籍籍：纵横交错的样子。此处指对许多行事有怀疑。
③奚必：何必。

④规规：浅陋、拘泥的样子。
⑤嫌之不远：不远离嫌疑是非之地。
⑥迹之不辨：不辨别是非痕迹。
⑦噬脐无及：自己咬自己的腹脐是做不到的。此谓后悔都来不及。噬，咬。

【译文】

我不曾松懈谋取私利，可是有人会从这方面怀疑我，这一定是由于我在公务中有不公正、不勤勉的情况，从而招致他人的怀疑；我不曾贪污滥用职权，可是有人会从这方面怀疑我，这一定是由于我在公务中有不廉洁、不正直的情况，从而招致他人的怀疑。如果处理一件事让人怀疑，那么以后无论处理什么事都会招致他人的怀疑；如果他人有一天怀疑我，那么以后将会时时怀疑我。遭到他人的怀疑，就是我知道了，尚且不易辩解，更何况他人不一定会把怀疑我的事告诉我。怀疑我的人和事很多，纠结在一起四处传播，一旦传到上级官员那里，造成的后果和祸患难道还小吗？所以君子在嫌疑是非之中，应该在苗头出现时就正视它、解决它，尽力避免嫌疑。……假如说我持心公平正直，对上对下不产生愧疚就可以了，何必一定要提心吊胆远离嫌疑分辨自己的行为，让他人了解呢？只怕将来如果会后悔，必定是从不远离嫌疑之地、不辨别是非痕迹开始的，如果真的不远离嫌疑之地、不辨别是非痕迹，那就噬脐无及了！

【作者简介】

胡太初，见第46则。

第109则

才称其职　不惭其禄

【原文】

官无冷暖[①]，才称其职，得行其道者为贵。禄无厚薄，食之而不惭怍[②]者为美。若乃德薄才庸，徼幸[③]而致高位，不满人望，不厌[④]公议，未罹折足覆𫗧形渥[⑤]之凶，则负乘致寇[⑥]之祸，潜伏而不能不发，见诮[⑦]当时，遗臭万代，于我何有哉？此圣师所谓“不义而富且贵，于我如浮云”[⑧]，孟子所谓“万钟不辨礼义而受之，万钟于我何加焉”[⑨]者也。儒学教官[⑩]，以庸俗观之，去闲凉为不远；以有道者处之，实清且贵，无惶愧慊[⑪]怍，以善及人，为国育材，莫此之荣。舍是而得切要烦剧[⑫]，道可行欤，才称职欤，泽被民欤，名声昭乎时欤？四者俱不可，必求荣而反辱矣！

——〔元〕胡祗遹《紫山大全集》卷八

《送张教授肯堂之任序》

【注释】

①官无冷暖：官职无冷暖之分。冷官，指地位不重要、清闲冷落的官。

暖官，指地位重要、事务繁忙的官。

②怍（zuò）：惭愧。

③徼幸：意外获得成功或免于不幸，作非分企求。徼，同“侥”。

④厌（yàn）：通“餍”，满足、心服。

⑤折足覆餗：语出《易·鼎卦》，原文为：“鼎折足，覆公餗，其形渥，凶。”比喻力不能胜任，必至败事。餗（sù），鼎内食物。渥，通“剭（wū）”，剭诛，古代诛杀贵族在屋内行刑，不暴露于市。

⑥负乘致寇：语出《易·系辞上》，原文为：“负且乘，致寇至。”意指负重而乘车，招致强盗来抢夺。后谓居非其位，才不称职，就会招致祸患。

⑦见诮：见笑。

⑧不义而富且贵，于我如浮云：语出《论语·述而篇》。

⑨万钟不辨礼义而受之，万钟于我何加焉：语出《孟子·告子章句上》。意为万钟的俸禄如果不辨别是否合乎礼义就接受它，这万钟的俸禄对我有什么益处呢？

⑩儒学教官：元明清于各府、州、县设立学校，设儒学教授、学正、教谕及训导等职，教诲所属生员。

⑪慊（qiàn）：不满，怨恨。

⑫切要烦剧：紧要繁重。

【译文】

官位没有重要不重要，只要才能与其职位相称，并能实现其理想就是重要的。国家给的俸禄无所谓丰厚与菲薄，只要享受起来内心不觉得惭愧就是满意的。如果德行浅薄，才干平庸，非分得到高的职位，不能满足百姓的期待，不能抑制士人们评头论足，即使不会遭遇重刑，也会因才不称职，祸患潜伏下来，在当时遭人们嘲笑，死后也会遗臭万年，这样的高位对我又怎么样呢？这正如孔子所说的“用不合乎礼义的手段得到富贵，那些富与贵对我来说就如同天上的浮云”，孟子所说的“万钟的俸禄如果不辨别是否合乎礼义就接受它，这万钟的俸禄对我有什么益处呢”？做一个儒学教官，在庸俗的人看来是清苦闲散的，而在有修养的人看来，是一个有清誉且重要的职位。不惶恐不惭愧不怨恨，把自己好的地方教给别人，为国家培育贤才，没有比这更荣耀的了。放弃儒学教官而去担任紧要繁重的职位，理想能行得通吗？才能能够称职吗？能让百姓得到好处吗？能够扬名于当时吗？如果这四样都得不到，一心去求荣耀，反而会得到羞辱。

【作者简介】

胡祗遹（1227—1295），字绍闻，号紫山，元磁州武安（今河北武安）人。曾官河东山西道提刑按察副使、荆湖北道宣慰副使、山东东西道提刑按察使、江西浙西提刑按察使等。著有《紫山集》。

第110则
视公如私　不罪百姓

【原文】

视官物当如己物，视公事当如私事。与其得罪于百姓，宁得罪于上官。

——〔元〕脱脱等《宋史·吴芾传》

【译文】

把官物当成是自己的东西一样看待，把公事当成是自己的私事一样来做。宁可得罪自己的上级，也不去得罪百姓。

【作者简介】

脱脱（1314—1355），字大用，元蒙古蔑里乞氏。幼为伯父伯颜所养。后伯颜专政，参与罢逐伯颜。官至同知枢密院事、中书右丞相。任相时，废伯颜旧政，雪冤狱，复科举，一时被誉为“贤相”。曾任都总裁官，主编《辽史》《宋史》《金史》。

第111则
去六疾　行五懿

【原文】

以术干禄者败，以财树家者祸，以势临人者辱，以安自恃者危，以学自眩[①]者禽[②]，以行自翘者伪，是六疾也。慈则和，俭则裕，勇则决，明则远，容则聚，是五懿[③]也。去六疾，行五懿，方有为于天下。

——〔明〕宋濂《文宪集》卷二七《萝山杂言》

【注释】

①眩：迷惑。
②禽：同“擒”，捉住，逮住。引申为束缚。
③懿：美，美德。

【译文】

用投机取巧去获得富贵的，一定要垮台；以追求钱财为家风的，必然招来祸患；凭借权势去欺压别人的，就会招致羞辱；自以为很安全而放松警惕的，难免会遭受危难；仗恃有学识而自我陶醉的，必定会受到束缚；凭行迹自满自傲的，定然是浅薄虚伪的。这是六种坏毛病。与人慈爱则和睦，节俭则用度充裕，勇敢则善于决断，思虑明晰则谋虑深远，包容则能集合众人，这是五种美德。改掉六种坏毛病，践行五种美德，才能够有所作为。

【作者简介】

宋濂（1310—1381），字景濂，号潜溪，又号玄真子，明浦江（今浙江浦江）人。元末隐居山中读书。明初应召任江南儒学提举，曾官翰林学士、侍讲学士、学士承旨等。曾充总裁官，修《元史》。著有《宋学士文集》《龙门子》《浦阳人物记》等。

第 112 则
居官七要

【原文】

正以处心，廉以律己，忠以事君，恭以事长，信以接物，宽以待下，敬以处事，此居官之七要也。

——〔明〕薛瑄《从政录》

【译文】

以正直涵养内心，以廉洁约束自己，以忠诚事奉君王，以恭敬事奉尊长，以信义接人待物，以宽厚接待下属，以恭敬处理政事，这是当官的七项要诀。

【作者简介】

薛瑄，见第 68 则。

第113则
敬乃为邑之要道

【原文】

官之至难者，令[①]也。令之所以难者，政也。政之所施，有其本焉，敬也。敬[②]立乎中，由是而见之行事，形既端矣，表无有不正也。由是而施诸人民，所以感之者有其道，在彼则未尝无不应也。承乎上焉，必凛凛以畏，则获乎上，虽不敢公拒，而亦不曲从其非理之命也。待乎下焉，必切切以忧，斯得乎下，不适乎己而拂乎人之性也。中焉而接乎人，必公而恕，谦而有礼，委曲以详尽，设以己之身处其人之地，则人人止其所而各自靖[③]也。

呜呼！令之任难矣。而尔以初筮仕[④]得繁剧[⑤]邑，匪廉匪明，匪慎匪勤，曷能得其职之称也！勉之哉！

吏以案牍为师，有所猷为[⑥]，则翻阅以为证也。政以前官为比，有所违碍，则依缘[⑦]以为径也。一邑之事，无非己事，早夜孜孜，毋苟安以图一时之幸也。百里之民，无非吾人，念念在兹，惟恐一夫之或病也。行其所无事[⑧]，其来不迎，其去不将[⑨]，一于静也。不以誉喜，不以毁怒，一于定也。不主先入之言，不争无益之气，已去者不求其故，未至者不意其诈，一于理而与物无竞也。

本此一敬，而慎以持之，勤以行之，公以生其明，俭以养其廉，是诚为邑之要道，处事临民之龟镜[10]也。念之哉，勿谓我言耄[11]而舍之也。

——〔明〕海瑞著、陈义钟编校《海瑞集》下编《令箴》

【注释】

①令：县令。
②敬：恭敬端肃。
③靖：安定。
④筮（shì）仕：古人将外出做官时，先占卜吉凶，谓之筮仕。后称当官任职为筮仕。
⑤繁剧：事务极其繁重。
⑥猷（yóu）为：谋划，作为。
⑦依缘：依据，延续。
⑧行其所无事：语出《孟子·离娄章句下》。比喻因势利导，不多事。
⑨将：送。
⑩龟镜：古人以龟卜吉凶，以镜别美丑。喻借鉴。
⑪耄：昏乱。

【译文】

最难做的官是县令。县令之所以难做在于政务。施行政务的根基是“敬”。“敬”是建立在中正基础之上的，由此而表现在处理政事上。形体既已端正，仪表自然也就端正了。这样的县官再去教化民众，就有办法感化他们了；民众看到正直的官员处理政事，就没有不配合和不服从的了。本着“敬”，对待上司就能时常心怀敬畏，就能得到上司的好感。即使不能公然拒绝上司的要求，但也不会屈从上司不合道理的命令。对待下属，就能由衷地表现出忧世的情怀，这样就能取得下属的认同，同时不让他们为适应自己而违背他们为人的本性。对待同僚，就能持公正、宽容、谦和有礼的态度，谈话委婉详尽，设身处地为他人着想。这样处理人际关系，那么人人都安于各自的位置，不生非分之想。

呜呼！县令做好确实很难。而你初涉仕途就主持一个事务繁重的县邑，如果不廉洁、不清明、不谨慎、不勤勉，怎么能胜任你所担任的这一职务呢？努力吧！

县衙各房的胥吏应把以前的案例文牍作为老师，要规划一件新案子，可以翻阅以前的案牍，把它引为例证。县令施政可以拿前任的政事作考校，有违碍难以施行的，就依照前任的方法去做。全县的事情都是自己的事，早晚都要勤勉地工作，不能暂时偷安以图短时的安宁。全县的民众都是县官的子民，心里要时刻记挂他们，唯恐他们有一个人处在困苦之中。按照不多事的原则做事，来的不迎接，走的也不送，一切都在不扰民的状态中进行。不因为他人的赞誉就高兴，也不因为他人说自己坏话而发怒，一切都不能干扰自己平静的心情。不以先入之言为主，不争无益之气，已过去的事不再想它的原因，将要来的事不去猜想是否有欺诈，一切想法都要本乎道理，而与人无争。

行事立足于“敬”，并谨慎地奉行，勤勉地施行，公正就能使人贤明，节俭就能让人清廉，这是县官治理县邑的重要原则，也是处理政务教化人民的借鉴。记住这些话，不要认为我说的凌乱就听不进去。

【作者简介】

海瑞（1514—1587），字汝贤、国开，号刚峰，明广东琼山（今海南海口市琼山区）人。嘉靖二十八年（1549）中举人。历官户部主事、右佥都御史、南京吏部右侍郎、南京右佥都御史等。谥忠介。为官清廉，素有“海青天”之称。著有《海瑞集》。

第114则
务美去孽　秉法爱民

【原文】

植节概于两间[①]，流仁恩于万姓，委荣华于中路，贻清白于后昆[②]。是谓仕途四美，君子务之。

负盛气以陵[③]人，借贵交以复怨，受私贼[④]以谒事[⑤]，灭公道以营家。是谓官门四孽，子孙受之。

民饥而我粱肉，如茹荼毒；民寒而我裼裘[⑥]，如披荆棘；民愁而我歌拍，如闻喑咽[⑦]；民劳而我安闲，如在痌瘝[⑧]。既云父母，与儿女同甘苦，若痛痒不相闻，此何异于路人？

强者横行，弱者吞声；众者群怒，孤者闭户；巧者多机，愚者受欺；富势者通情贿，则贫贱者丧气。乃知有司圆软宽柔，善良之忧。天若无雷霆霜雪，万物不荣不结。

——〔明〕吕坤《去伪斋集》卷七《仕箴四》

【注释】

①两间：天地之间。指人间。

②后昆：后代子孙。

③陵：通“凌”，侵侮。
④赇：贿赂。
⑤谒事：陈说事情。
⑥裼（xī）袭：裼指皮衣上所附加的袒开的外衣，袭指尽覆而不使其裘见于外。指高贵的皮衣。
⑦喑咽：啼声嘶哑。
⑧痌瘝（tōngguān）：疾病。

【译文】

人生天地之间要有志节气概，施惠于百姓，抛弃荣华富贵，留清白于后世。这是做官的四种美德，是做官的人应该追求的。

依仗威严的气势压制别人，凭借结交权贵报复私怨，接受贿赂为人办事，泯灭公平正义之道以经营自家。这是做官的四种恶行，会殃及后代。

百姓饥无可食，而自己有粮有肉，就像吃着害人的苦菜；百姓寒无可衣，而自己穿着皮衣，就像身披荆棘；百姓愁怨，而自己鸣乐听唱，就像听着嘶哑的啼声；百姓劳苦，而自己安静闲适，就像自己身患疾病。既然说州县官员是百姓的父母官，就应当与百姓同甘共苦。如果对百姓的疾苦毫不关心，这与路人有什么两样？

那些有权有势的人到处横行霸道，欺压贫弱百姓，而贫弱的人忍气吞声；人多势众的会到处泄愤，而孤苦的只能关门闭户；有智巧的人善变，老实的人易受欺骗；有权有势的人懂得买通关系，贫弱的老百姓只能垂头丧气。因此，官府的圆滑宽柔，会助长坏人的嚣张气焰，引起善良百姓的担忧。大自然如果没有雷霆霜雪的天气，万物也不会枝叶茂盛开花结实。

【作者简介】

吕坤，见第69则。

第115则
持公去私　政清讼息

【原文】

“公”“私”两字是宇宙的人鬼关。若自朝堂以至闾里，只把持得“公”字定，便自天清地宁、政清讼息。只一个“私”字，扰攘的不成世界。

——〔明〕吕坤《呻吟语》卷五《外篇·治道》

【译文】

“公”“私”两字是宇宙的人鬼关。如果从朝堂到乡间，人人都把持住了这个“公”字，便会天地清朗，人间安宁，政治清明，诉讼平息。只是一个“私”字，扰乱得不成个世界。

【作者简介】

吕坤，见第69则。

第116则
营私迷乱是非

【原文】

夫私每起于一念之微，而害必及于天下之大，不可以不戒也。何也？人惟无私，则其识明，其守坚，其道平，其衷坦，何德不成？何功不立？苟一有私，则虽有过人之才，为私所挠，而皆不能以自见。其遇事也，明知为当行者，或以不便于己而已之；及不当行者，则又明知其故，第以有便于己而必行。因之意虑昏愦，是非淆乱，外拂[①]乎舆论，而中常怀夫瞻顾之思，欲望其进正人、陈正言、建正业，岂可得哉？是故营私之人，深藏厥心，乘间而发。往往假正大之论议，济其阴险之谋，以几幸于人之堕其术中而不觉。甚则以彼私心，措诸行事。迹其外亦似正人君子之所为，而暧昧之衷常不可以质鬼神而告天地。于是后国家之正务，而先便身图；虑不及于四方，而常急为子孙之计。至或有所汲引[②]，则不问其人之贤与愚，才之能与否，而惟私是视。所爱且誉者，必其比昵者也，不则有恩于彼者也，不则欲招致之以为腹心者也。所憎且毁者，必其疏远者也，不则有怨于彼者也，不则勋名才望出于己右，而思所以排挤之者也。夫惟出于私心，故爱憎毁誉乖谬若此。

——〔清〕王永吉《御定人臣儆心录·营私论》

【注释】

①拂：逆，违背。
②汲引：引进。后比喻为提拔。

【译文】

每起于微不足道的一念私心，其祸害能影响天下那么大，不可不引起警戒。为什么呢？人只有无私，他的见识才高明，他的操守才坚定，他的主张才公平，他的胸襟才坦荡，什么品德不能成就？什么功劳不能创立？假如一有私心，则他虽然有过人的才能，因为有私心阻挠，而都不可能自我显现出来。他遇到事情，明明知道应该去做，或因为对自己不利而停止；碰到不应当去做的事，则又明明知道其中的缘故，只是因为对自己有好处而一定去做。因为私心，他的思虑昏然不清，是非混乱，在外违逆舆论，在内心常常瞻前顾后，希望他荐进正派的人、奏陈正确的言论、建立正当的功业，难道能做得到吗？所以时时处处为自己考虑的人，他的内心深深隐藏，等待时机采取行动。往往借表面光明正大的言论主张，以成就他阴险的谋划，让人们欣赏他，落在他的圈套中而不觉察。甚至将他的私心隐藏在行为办事之中。考察他的表象，也好像正人君子的所作所为，而昏暗的内心常常不可以问诸鬼神告白天地。这样，他把国家的正事放在后面，而先为自身谋好处；考虑的不是国家的方方面面，而往往急着为子孙打算。以至有时候提拔引进人才，不问这个人是贤明的还是愚笨的，是有才能的还是无才能的，而只从私心出发审视。他所喜爱并且称许的人，一定是与他亲近的人，要不就是有恩惠于他的人，要不就是他想招来作为腹心的人。他所憎恨并且诋毁的，一定是与他疏远的人，要不就是与他结怨的人，要不就是才德众望都在他之上，而他想排挤的人。由于考虑问题出自私心，所以他的爱恨毁誉是如此错谬。

【作者简介】

王永吉，见第13则。

第117则
居官当思有去日

【原文】

居官时不患无谀词，而患无规语。民即怨诅，不遽入耳，迨去官而贤否立判。民有恋惜之声者，贤吏也。苟其不贤，道路相庆，虽迁擢去，不能防民之口。去以他故，诟詈随之，候代需时，有莫为之居停者矣。故治柄在手，当时时念有去官之日，自然不敢得罪于群黎百姓。

——〔清〕汪辉祖《学治臆说》卷下《当思官有去日》

【译文】

当官时不担心听不到奉承的话，怕的是没有规劝的话。百姓即使心里怨恨诅咒，也无法迅速听到，等到离任的时候，一个官员是好是坏立刻就区分清楚了。如果老百姓有留恋不舍的声音，就是一个好官。如果不是好官，离任时人们会跑到大路上庆祝，即使这人是升官离开，也堵不住百姓的嘴。如果是因为其他原因离任，恶言责骂随处都会有。离任交接办理需要时间，这期间没有人愿意给他提供寄居的地方。所以权力握在手中，应当时时考虑到会有离任的那一天，自然就不敢得罪黎民百姓了。

【作者简介】

汪辉祖，见第 18 则。

第118则

以爱人之心　发爱人之政

【原文】

治无成局[①]，以为治者为准。能以爱人之实心，发为爱人之实政，则生人而当谓之仁，杀人而当亦谓之仁。不然，姑息者养奸，刚愎者任性，邀誉者势必徇人，引嫌者惟知有我，意之不诚，治于何有？若心地先未光明，则治术总归涂饰。有假爱人之名，而滋厉民之弊，恶[②]在其为民父母也。故治以实心为要，尤以清心[③]为本。

——〔清〕汪辉祖《学治续说·治贵实心尤贵清心》

【注释】

①成局：预定的局面。

②恶（wū）：怎，如何。

③清心：心地清净无私。

【译文】

治理百姓是没有现成章法可循的，而是以施政者的实际措施为准。如果当官的人能把爱护百姓的真心，变成爱护百姓的实际措施，那么采取正当措施使人活下来称为“仁”，采取正当措施杀掉该杀的人也称为“仁”。不然，姑息迁就者会纵容奸邪之人，刚愎自用者就会恣意妄为，追求名誉者必定会屈从他人，躲避嫌疑者就只会考虑自己，内心缺乏诚意，哪里还能进行治理呢？如果当官的人心地不能先光明正大起来，那么进行治理的各种手段只能是装饰了。当官的人假借爱惜百姓的名义，而滋生、助长虐待百姓的弊政，这怎能算是百姓的父母官呢！所以，为官施政要以有爱护百姓的真心为首要，更要以心地清净无私为根本。

【作者简介】

汪辉祖，见第 18 则。

第119则
勤政亲民　情意相通

【原文】

州县之患，莫患乎上下隔绝而情意不通。情意不通，而不思所以通之，动曰民刁民蛮，而严刑峻罚以随之，则愈刁愈蛮，不可复治矣。且亦思民之刁，孰使之刁？民之蛮，孰使之蛮也哉？况乎其未必尽刁且蛮也。曾不自反而专以责民，夫岂情理之平？山东吏治民风之坏，其弊正在于此。譬之人胸腹胀满，二便不通，亦既消之下之矣，而胀满如故；再以消下之剂投之，则病日愈增，求片刻之安而不得也。惟理其气而顺导之，然后清者升，浊者降，锢疾霍然愈矣。治民之道，何独不然。且夫牧令[①]者，亲民之官也。官尊民卑，其势易睽[②]也。吾自不与民亲，民谁亲之？吾即欲与民亲，民尚疑畏而不敢亲，况乎以惰暗倨傲[③]之心，行刻薄贪鄙之事，民有不望风而去，绝尘而奔者哉？必也洁清自守以服其心，明速决狱以恤其力，锄奸伐暴以去其疾，兴养立教以导其机[④]。而又于听讼之暇，征粮之际，讲读上谕之会，踏勘相验之时，百姓千百为群，环观列侍，吾乃进而教之以孝悌忠信之理，睦姻任恤之道，悃悃款款[⑤]，出于至诚。彼民也，见官长之实心为我，莫不戴之如父母，敬之如神明。即有小不如意之事，皆晓然谅其心之无他。而豪暴之徒，亦将敛迹而不敢逞，民气于焉大顺矣。子夏[6]曰："君子信而后劳其民，未信则以为厉己。"[7]故吾愿诸君子之勤政亲民，以通上下之情也。

——〔清〕涂栋《牧令书》卷一《治原》

【注释】

①牧令：原指州牧和县令。清代用作对知州、知县的习称。

②睽：违背，不合。

③倨傲：傲慢不恭。

④导其机：指诱导百姓向善的素质。机，同"几"，细微的素质。

⑤悃悃款款：忠诚、诚恳的样子。悃悃，忠诚貌。款款，忠实、诚恳。

⑥子夏：即卜商（前507—?），字子夏，后亦称"卜子夏""卜先生"，春秋时期晋国温（今河南温县）人。孔子弟子，以文学著称。

⑦君子信而后劳其民，未信则以为厉己：语出《论语·子张篇》。意为君子必须得到百姓信任然后才可任用百姓，否则百姓会认为是在折磨他们。厉，虐害。

【译文】

州县官员忧虑的是官民之间封闭隔绝，彼此想法互不了解。官民互不了解，不去考虑怎么通达民情，动不动就说百姓刁蛮，接着对百姓实行严刑峻罚，只能使百姓更加不服从，直至不可收拾。暂且想一下百姓刁蛮，是谁使得他们这样呢？况且百姓也未必都是刁蛮的人。不自己反省，只把责任推到百姓身上，这难道在情理上公平吗？山东的吏治腐败、民风刁悍，其原因也恰在于此。犹如一个人胸腹胀满，大小便不通，即使采取措施消化排下，而胀满如旧；再用泻药来治疗，只会使病情更重，得不到片刻安宁。只有弄清征象原因，因势利导，干净的东西向上得以留存，污秽的东西向下得以沉降排出，则疾病会很快变好。管理百姓的道理，怎么就偏偏不是这样呢？况且知州知县，是亲民的官员。官尊民卑，这种情势使他们不容易合得来。我们不主动与百姓亲近，百姓又去亲近谁呢？我们即使主动与百姓亲近，百姓尚且心存疑惑、心生害怕而不敢接近，更何况还有官员心存懈怠、动机不正、傲慢不恭，行事刻薄贪婪，百姓哪有不见到官员就飞奔而走的？州县官员必须洁身自好、清白自守，让百姓信服；公正而快速断案，体恤民力；铲除奸猾，惩办强暴，消除百姓忧虑；解决民生问题，树立教化，诱导百姓向善。在审理狱讼的间隙，在征收官粮的时候，在宣讲皇帝上谕的时候，在实地考察的时候，众多百姓聚集在周围，向他们讲授孝悌忠信的道理，要亲戚和睦信任、朋友救济贫困，真心诚意地教导他们。百姓意识到官员真心实意为他们，没有不像拥戴父母一样拥戴他们的，也没有不像尊敬神明一样尊敬他们的。即使有小小不如意的事，也都会体谅官员没有恶意。而那些强横凶暴的不法之徒，也就会收敛劣迹，不敢肆无忌惮，民间环境也就变得和顺。子夏说："君子必须得到百姓信任然后才可任用百姓，否则百姓会认为是在折磨他们。"所以，我希望州县官员都能勤政亲民，官民情意相通。

【作者简介】

徐栋，见第20则。

第120则
事有当行　无需逢迎

【原文】

事有断不可行而上司或行之，有必当行而上司或难之，苟确有所见，必须切实禀陈，即遭呵斥，亦所勿计。待其怒息，再申前说。上司亦断无始终固执者。如此经理一二事，庶几足以见信。倘依阿逢迎，虽见好目前，终必为所鄙薄，慎勿蹈之。

——〔清〕涂栋《牧令书》卷二《事上》

【译文】

一件事肯定不能去做而上司要去做，一件事应当去做而上司阻挠，如果你确实有特别的见识，就一定要如实陈述自己的意见，即使遭到斥责也不要计较，等待上司息怒之后再反复陈述。上司也没有始终固执己见的。像这样处理几件事后，或许就能够得到信任。倘若一味曲意奉承，即使当时会得到重用，但最后必然会让上司鄙视，千万不要这样做。

【作者简介】

徐栋，见第20则。

做人要实故事一

周召公——人惠其德，甘棠是思

周成王时，周召公与周公分陕（今河南三门峡市陕州区西南）治国，“自陕以西召公主之，自陕以东周公主之”。召公身体力行，经常踏勘巡查乡里和城邑，在田间地头处理百姓的纠纷。在蚕桑养殖、庄稼耕种的农忙时节，他就释放监狱的囚犯，让从事政府劳役的老百姓也都回家，以不耽误农时。当政期间，召公将其辖区治理得政通人和，贵族和平民都各得其所，受到辖区百姓的爱戴。据说他曾在一棵甘棠树下办公，他去世后，老百姓思念他的政绩，不忍砍伐这棵甘棠树，作了《甘棠》一诗来歌咏他。《诗经》收录了这首诗。诗如下：

蔽芾甘棠，勿剪勿伐，召伯所茇。
蔽芾甘棠，勿剪勿败，召伯所憩。
蔽芾甘棠，勿剪勿拜，召伯所说。

——参见〔西汉〕司马迁《史记·燕召公世家》

【人物简介】

周召（shào）公，姓姬，名奭，周文王庶子。因封地在召（今陕西岐山西南），故称召公或召伯。佐周武王灭商。周成王时任太保，曾与周公分陕治国。周成王去世后，受遗命辅佐周康王。

做人要实故事二

杜密——达贤纠违，去不忘初

东汉杜密为官清正，执法严明，且善于知人善任。后来，杜密去官还乡，对政事依然十分关心，经常向太守举荐好人好事，批评和揭发坏人坏事。当时，有一个叫刘胜的官吏是杜密的老乡，由蜀郡告老还乡。刘胜的为人和杜密正相反，他明哲保身，不问政事，对好人好事和坏人坏事，一概不管。有一次，太守王昱对杜密称赞刘胜是个清高之士。杜密知道王昱名为称赞刘胜，实则批评自己好管闲事，便对王昱说："刘胜地位很高，受到上宾的礼遇。知道是贤德之人而不推荐，听到了坏人作恶也不说话，为了保全自己而把真情隐蔽起来，如同寒蝉一样静寂无声，这是对国家对社会有罪过的人。"接着，杜密又说："我发现贤人就向你推荐，对违法的坏人敢向你揭发，使你能赏罚分明，好的名声得到宣扬，不也对您有帮助，对国有好处吗?"王昱听了这番话，很是敬佩，便愈加厚待杜密了。成语"噤若寒蝉"即由此而来。

——参见〔南朝宋〕范晔《后汉书·杜密传》

【人物简介】

杜密（？—169），字周甫，东汉颍川阳城（今河南登封东南）人。历官泰山太守、北海相、尚书令、太仆等。因党锢之祸免归。后复为太仆，谋诛宦官事败，下狱自杀。

做人要实故事三

刘大夏——戒利远名，忧责不已

明朝刘大夏在广东右布政使任上，发现一笔钱没有入账，库吏禀告他这是前任剩下的“羡余”，按惯例是从来不入账簿的。刘大夏听后，毫不犹豫地令库吏将钱上账，用于公销。

后来，刘大夏任兵部尚书。当时，京外官员进京朝见皇帝，要带各种礼物送给在京大臣，唯独刘大夏和左都御史戴珊不接受这些外官的礼物。明孝宗为此各赐中锭五十金，以奖励他们的廉洁。

刘大夏晚年得罪宦官，被遣去戍边，后赦免还乡。他的一个门生做了巡抚，绕路百余里去看望他，路上遇到扶犁的人，就问哪是尚书家，扶犁的人引巡抚进屋，原来扶犁的人就是刘大夏，巡抚竟然没有认出来。

刘大夏曾说：“居官以正己为先，不独当戒利，亦当远名。”“人生盖棺论定，一日未死，即一日忧责未已。”

——参见〔清〕张廷玉等《明史·刘大夏传》

【人物简介】

刘大夏（1436—1516），字时雍，号东山，明湖广华容（今湖南华容）人。天顺八年（1464）进士。曾官兵部郎中、广东右布政使、右副都御史、兵部尚书等。谥忠宣。著有《刘忠宣公集》《东山诗集》《宣召录》等。

参考文献

一、基本典籍

《十三经注疏》整理委员会整理：《周易正义》，《十三经注疏》，北京大学出版社1999年版。

《十三经注疏》整理委员会整理：《尚书正义》，《十三经注疏》，北京大学出版社1999年版。

《十三经注疏》整理委员会整理：《春秋左氏传正义》，《十三经注疏》，北京大学出版社1999年版。

左丘明：《国语》，尚学峰、夏德靠译注，中华书局2007年版。

管仲：《管子校注》，黎翔凤校注，梁运华整理，中华书局2004年版。

管仲：《管子》，李山译注，中华书局2009年版。

晏婴：《晏子春秋》，陈涛译，中华书局2007年版。

佚名：《孔子家语》，王国轩、王秀梅译注，中华书局2009年版。

慎到：《慎子集注校注》，许富宏集注，中华书局2013年版。

荀况：《荀子集解》，王先谦集解，沈啸寰、王星贤点校，中华书局1988年版。

韩非：《韩非子集解》，王先慎撰，钟哲点校，中华书局1998年版。

佚名：《为吏之道》，《睡虎地秦墓竹简》，文物出版社1990年版。

司马迁：《史记》，中华书局2014年版。

班固：《汉书》，颜师古注，中华书局1962年版。

马融：《忠经详解》，明崇祯刻本。

陆贾:《新语校注》,王利器校注,中华书局 1986 年版。

荀悦:《申鉴》,吴道权校,世界书局 1935 年版。

范晔:《后汉书》,李贤等注,中华书局 1965 年版。

李世民:《帝范》,光绪二十五年广雅书局重刊本。

魏征等:《群书治要》,丛书集成初编,商务印书馆 1936 年版。

房玄龄等:《晋书》,中华书局 1974 年版。

姚思廉:《梁书》,中华书局 1973 年版。

武则天撰:《臣轨》,《官箴书集成》,黄山书社 1997 年影印本。

陈子昂:《陈子昂集》,徐鹏校点,中华书局 1960 年版。

包拯:《包拯集校注》,杨国宜校注,黄山书社 1996 年版。

范仲淹:《范仲淹全集》,范能濬编集,薛正兴校点,凤凰出版社 2004 年版。

欧阳修:《欧阳修全集》,李逸安点校,中华书局 2003 年版。

欧阳修、宋祁等:《新唐书》,中华书局 1975 年版。

曾巩:《曾巩集》,陈杏珍、晁继周点校,中华书局 1984 年版。

陈襄:《州县提纲》,文渊阁四库全书本。

吕本中:《官箴》,《官箴书集成》,黄山书社 1997 年影印本。

杨万里:《杨万里集笺校》,辛更儒笺校,中华书局 2007 年版。

真德秀:《西山政训》,中华书局 1985 年版。

胡太初:《昼帘绪论》,宋咸淳百川学海本。

张养浩:《牧民忠告》,《官箴书集成》,黄山书社 1997 年影印本。

张养浩:《庙堂忠告》,《官箴书集成》,黄山书社 1997 年影印本。

脱脱等:《宋史》,中华书局 1977 年版。

胡祗遹:《紫山大全集》,文渊阁四库全书本。

宋濂:《文宪集》,文渊阁四库全书本。

汪天锡:《官箴集要》,《官箴书集成》,黄山书社 1997 年影印本。

吕坤:《去伪斋集》,王国轩、王秀梅整理,《吕坤全集》,中华书局2007年版。

吕坤:《呻吟语》,王国轩、王秀梅整理,《吕坤全集》,中华书局2007年版。

吕坤:《实政录》,王国轩、王秀梅整理,《吕坤全集》,中华书局2007年版。

海瑞:《海瑞集》,陈义钟编校,中华书局1962年版。

杨昱:《牧鉴》,《官箴书集成》,黄山书社1997年影印本。

徐榜:《宦游日记》,《官箴书集成》,黄山书社1997年影印本。

陈宏谋:《从政遗规》,《官箴书集成》,黄山书社1997年影印本。

张鹏翮:《治镜录集解》,隋人鹏集解,《官箴书集成》,黄山书社1997年影印本。

袁守定:《图民录》,《官箴书集成》,黄山书社1997年影印本。

王永吉:《御定人臣儆心录》,文渊阁四库全书本。

徐栋:《牧令书》,《官箴书集成》,黄山书社1997年影印本。

汪辉祖:《学治臆说》,《官箴书集成》,黄山书社1997年影印本。

汪辉祖:《学治续说》,《官箴书集成》,黄山书社1997年影印本。

金庸斋:《居官必览》,《官典》,吉林人民出版社1998年版。

方大湜:《平平言》,《官箴书集成》,黄山书社1997年影印本。

刚毅:《官箴》,《官箴书集成》,黄山书社1997年影印本。

张廷玉等:《明史》,中华书局1974年版。

田文镜、李卫:《钦颁州县事宜》,《官箴书集成》,黄山书社1997年影印本。

严廷珏纂修:《续修易门县志》,李亚平点校,云南人民出版社1997年版。

赵尔巽等:《清史稿》,中华书局1977年版。

二、今人编著

陈宜民、杨正业译注：《中国古代格言大全》，重庆出版社 1986 年版。

陈宜民、杨正业主编：《中国古代格言大全（续集）》，重庆出版社 1989 年版。

冯天瑜、何晓明：《张之洞评传》，南京大学出版社 1991 年版。

广东、广西、湖南、河南辞源修订组与商务印书馆编辑部编：《辞源（修订本）》，商务印书馆 1998 年版。

张希清、王秀梅主编：《官典》，吉林人民出版社 1998 年版。

中国历史大辞典编纂委员会编：《中国历史大辞典》，上海辞书出版社 2000 年版。

常万里主编：《官箴智慧》，中国华侨出版社 2002 年版。

仓修良主编：《二十五史警句妙语辞典》，华东师范大学出版社 2003 年版。

彭忠德、赵骞：《官箴要语》，武汉大学出版社 2007 年版。

陈生玺主编：《治国明鉴》，浙江古籍出版社 2014 年版。

人民日报评论部编：《习近平用典》，人民日报出版社 2015 年版。

编后记

2014年3月9日，在十二届全国人大二次会议安徽代表团参加审议时，习近平总书记对各级领导干部提出“既严以修身、严以用权、严以律己，又谋事要实、创业要实、做人要实”的要求。2015年4月，中共中央办公厅印发《关于在县处级以上领导干部中开展“三严三实”专题教育方案》，对2015年在县处级以上领导干部中开展“三严三实”专题教育作出安排。为深入贯彻习近平总书记系列重要讲话精神，配合中央“三严三实”专题教育，按照中国社会科学院院长、中国地方志指导小组组长王伟光和中国社会科学院副院长、中国地方志指导小组常务副组长李培林的指示，中国地方志指导小组办公室成立专项课题组，组织编纂了《中国古代为官箴言》《中国现代从政箴言》。

中国地方志指导小组秘书长兼办公室党组书记、主任赵芮对该课题高度重视，多次给予指导。中国地方志指导小组副秘书长兼办公室副主任、方志出版社社长兼总编辑冀祥德主持本课题，带领课题组夜以继日工作。中国地方志指导小组办公室副主任刘玉宏、邱新立多次参加课题研讨，刘玉宏还为《中国古代为官箴言》篇目题字，并邀请中国美术家协会会员田娟为本书绘制插图。

中央文献研究室李红喜处长、吴少京编审，北京大学张希清、胡少诚两位教授，中国人民大学毛佩琦教授，中国社会科学院刘晓研究员等对本书体例、内容提出了许多好的意见和建议。方志出版社丛珺、李静两位编辑为本书出版付出了辛勤劳动。在此，一并表示感谢。

“中国古代为官箴言”课题组由中国地方志指导小组办公室刘永强、程方勇、和卫国、王超、周勇进、曾荣组成。

由于时间紧张、水平有限，我们在选录和编排等方面会有不妥和疏漏之处，敬请读者批评指正。

编者

2015 年 8 月 26 日